SHUI TOUZOU LE
NI DE KUAILE

励志四重奏

谁偷走了你的快乐

告诉青少年如何拥有健康心理

王金龙 ◎ 编著

郑州大学出版社
郑州

图书在版编目(CIP)数据

谁偷走了你的快乐:告诉青少年如何拥有健康心理/
王金龙编著.—郑州:郑州大学出版社,2016.1
（励志四重奏）
ISBN 978-7-5645-1836-3

Ⅰ.①谁… Ⅱ.①王… Ⅲ.①青少年–心理健康–健康教育 Ⅳ.①G479

中国版本图书馆 CIP 数据核字(2014)第 095375 号

郑州大学出版社出版发行
郑州市大学路40号　　　　　　邮政编码:450052
出版人:张功员　　　　　　　　发行部电话:0371-66966070
全国新华书店经销
辉县市伟业印务有限公司印制
开本:787 mm×1 092 mm　1/16
印张:16.25
字数:234 千字
版次:2016 年 1 月第 1 版　　　印次:2016 年 1 月第 1 次印刷

书号:ISBN 978-7-5645-1836-3　　定价:35.00 元
本书如有印装质量问题,请向本社调换

前言 Preface

　　社会发展日新月异，人们的生活也芝麻开花节节高，时下的孩子们无疑是幸福的。我们有吃不完的零食，穿不完的新衣服，我们被父母小心翼翼地疼爱着，每天计较着一日三餐的营养如何搭配；互联网的飞速进步让全世界成为一个地球村，我们可以不费吹灰之力召集到一起游戏的朋友；我们现在有了制作精良的大手笔玩具，也有鸿篇巨制的各种超时空网游……现在的孩子们所享受的东西可谓是五花八门，令人眼花缭乱。

　　然而我们真的就比以前的孩子更快乐了吗？恐怕未必。有些孩子在亲人的溺爱中俨然成为一个小皇帝，什么事情都要别人对他百依百顺，结果走出家庭总是和同学合不来，这样的我们快乐吗？有些孩子沉迷在虚拟的网络世界里难以自拔，却忽视了和身边人的正常社交，最后导致了很难有一些真正的朋友，现实生活中郁郁寡欢，这样的我们快乐吗？

　　是的，社会的进步带给了我们太多纷繁多彩的东西，却也伴生了太多的诱惑和压力。现在的孩子不仅面临着繁重的课业，还被一些家长顽固地以为必须学琴学画才能跟得上时代的潮流；现在的家长多忙于事业，他们更习惯扔给孩子们大把大把的玩具来作为对孩子的宠爱，而不是和孩子们一起做一些开发智力的小游戏、一起唱歌、一起跳舞；现在网络的进步和平民化使得青少年更快更轻松地找到问题的答案，同时我们青少年也更容易更轻松地翻越不健康信息的围栏，好奇和尝鲜心态常常会对孩子的心智产生误导。

　　于是，面对自身、学校和家庭的多重压力，很多孩子都存在着不同程度的心理问题。如果对这些问题置之不理，很有可能会助长青少年更多的不健康心态。如果父母每次都把最好的留给孩子，那么孩子从来不会知道分享的道理；如果家长在家庭里从小就让孩子觉得不劳而获是理所当然，那么我们很可能就学会了心浮气躁、耽于幻想……

那么到底是谁偷走了我们的快乐？没有任何人能偷走我们的快乐，除了我们自己。其实我们一直很幸福很快乐，只是不健康的心理状态在作祟。拥有良好的心理状态，保持一颗平常心，才能使得我们在成长的过程中不自私、不嫉妒、少叛逆、不浮躁，真正走出属于自己的一片蓝天；保持健康的心理状态，才能理性地适应这个世界日新月异的变化，自觉抵制各种不良诱惑，时刻都散发着一种昂扬向上的精神品质。

成长是一件开心的事情，我们不允许任何人偷走我们的快乐；每个孩子都盼望着成长，我们期待着自己长大后成为一个心理健康、心智健全、开朗合群的新世纪人才。

要做回那个无忧无虑的最快乐的自己，

就请你打开这本书，让一份真诚和宁静扑面而来……

编者
2013 年 12 月

目 录 Contents

成长篇：让青春在阳光下绽放

公主与道白者：每个角色都很重要 …………………………… 3
不能指示时间的表：努力做一个有用的人 …………………… 4
小橡树的困惑：做自己就好 …………………………………… 5
爱因斯坦的父亲与约翰大叔：学会反观自身 ………………… 7
弥留之际的犹太智者：不要成为别人的影子 ………………… 8
只会模仿的鹦鹉：要有自己的特色 …………………………… 9
自力更生的小仲马：拒绝依赖 ………………………………… 10
自以为是的山羊：看清自己的长处与短处 …………………… 11
杰克的画：要有自己的主见 …………………………………… 12
演说家的钞票：内在价值最重要 ……………………………… 13
自作聪明的推销员：不要过分自信 …………………………… 14
水桶里的线：量力而行 ………………………………………… 15
为第二名叫好：不要在竞争中迷失自我 ……………………… 16
承认自己会输的教授：正视自己的不足 ……………………… 17
不带伞和拐杖的旅行者：不要炫耀自己的优势 ……………… 18
春水上行的选择：做自己喜欢做的事 ………………………… 19
骄傲的陶罐：选择适合自己的角色 …………………………… 20
对"小燕子"的疯狂崇拜：走自己的路 ……………………… 21
小林的演讲：善待自己的缺点 ………………………………… 23
琳达的大嘴和龅牙：接受自己，走出自卑 …………………… 24
轮椅上的罗斯福：直面逆境 …………………………………… 25
有裂缝的水桶：积极看待自己的价值 ………………………… 26
太太的鼻子：坦然接受不完美的东西 ………………………… 27

詹妮的苦恼：做真实的自己 ……………………………… 28

信心篇：相信自己，钻石就在后花园

苏格拉底的助手：一定要相信自己 ……………………… 33
寻找钻石的阿尔伯特：不要忽视自己的优势 …………… 34
跪着的和尚：信心可以创造奇迹 ………………………… 35
"铁娘子"的精神：力争上游 …………………………… 36
奥里森看手相：信念成就理想 …………………………… 37
拿破仑的孙子：榜样的力量是无穷的 …………………… 38
林肯的演讲：肯定自己的价值 …………………………… 39
那些贫穷的名人：信心带来成功 ………………………… 40
杀死怪兽的懦夫：每个人都可以创造奇迹 ……………… 41
流浪者的转变：每个人内心都有巨大的力量 …………… 41
高僧的茶道：能力是自信的基础 ………………………… 43
沙子与珍珠：努力提高自身的素质 ……………………… 44
买氢气球的黑人小孩：成败取决于有无自信 …………… 45
刷瓶子的比赛：从点滴生活中培养自信 ………………… 46
小男孩卖石头：重视自己 ………………………………… 47
酒杯与生活：发现自己的价值 …………………………… 48
"你的名字写得很好"：每个人都有自己的优点 ……… 50
配音天才李扬：挖掘潜力，消除自卑 …………………… 51
矮个子巨星：相信自己，就能成功 ……………………… 52
成功的自卑者：能产生动力的自卑是一种自信 ………… 53
乐谱里的错误：用自信面对权威 ………………………… 54
哈代改革游泳姿势：坚信自己不盲从 …………………… 55

性格篇：塑造性格，成就美好人生

年轻人的烦恼：跳出自我的局限 ………………………… 59
打开心里的"牢笼"：不要无谓地担心生病 …………… 60
集中营里的弗兰克：追求内心的自由 …………………… 61
除掉旷野里的杂草：在内心种下幸福的种子 …………… 62
约翰与汉斯：不要以自我为中心 ………………………… 63
囚犯成了垒球运动员：自重自爱，走向成功 …………… 64

作茧自缚的章鱼：放下心中的烦恼	65
桃树的悲剧：客观看待自己	66
寻短见的少妇：生活就在一念之间	67
大盗的忏悔：要对自己负责	68
清除内心的垃圾：拥有一颗洁净的心	69
林肯的智慧：让生活多一点幽默	69
"他们会笑话我吗"：无端的猜测只会带来烦恼	70
商人的烦恼：有些事情不要想得太多	71
面对挫折的王丽：困难终究会过去	72
懂得后退的商人：学会应对紧张和压力	74
抗"衰老"的总统：给内心留一片空间	75
总裁的醒悟：会休息才会工作	75
学会低头：谦虚是美德之母	76

情绪篇：做情绪的主人

"饥来吃饭，困来睡觉"：让内心去除负担，回归轻松	81
南瓜的力量：不要被压力击垮	81
流浪汉的重负：轻松面对生活	82
小公务员之死：不要无故给自己压力	83
侄儿的信：微笑面对生活	84
爱地巴的秘密：很多事情不必耿耿于怀	86
谁能让老人脱掉大衣：温和的态度也有巨大的力量	87
冷静的老板：不要因为生气而误了大事	88
丹尼尔的信：用温和替代愤怒	89
蓝色玻璃球与白色玻璃球：不要被情绪牵着走	90
生气时写的信要烧掉：合理调控自己的情绪	91
伤心的怀特小姐：学会克制自己的情绪	92
智者的话：不要冲动，避免悲剧	94
禅师的心境：保持心灵上的宁静	95
虚心的秀政：培养宽容大度的性情	96
一休禅师的教诲：不要把别人的挑衅放在心上	96
老人与年轻人：不要被浮躁的情绪所掌控	97

冷静的福特：将不满转化为动力 ············· 98

快乐篇：享受快乐，让生活更多彩

乐观的亨利：微笑面对挫折 ················· 103
快乐藏在哪里：改变情绪，改变人生 ········· 103
国王与磨坊主：热爱自己的生活就会快乐 ····· 104
总是乐呵呵的小王：凡事多往好处想 ········· 105
阳光、颜色和单词：收藏快乐，渡过情绪的严冬 ····· 107
一支冰激凌：从不好的境遇里发现乐趣 ······· 108
上帝是公平的：为自己所拥有的而快乐 ······· 109
叫花子迪克的烦恼：知足就会快乐 ··········· 110
众生的答卷：拒绝攀比，收获快乐 ··········· 112
妻子开花店：为自己赚取快乐 ··············· 113
将军的答案：真正的快乐就是感到别人需要自己 ····· 115
镜子外面的世界：与人分享会带来快乐 ······· 115
洗手间里的男人：保持快乐的习惯 ··········· 116
心理医生的主意：假装快乐就会真的快乐 ····· 117
给人带来快乐的天使：快乐就在你身边 ······· 118
老头子总不会错：笑着面对现实 ············· 119
四句话：快乐就在转念间 ··················· 120
智者与泥像：忍受痛苦才能品味快乐 ········· 121

修炼篇：完善自我，走向卓越

除了眼泪，还有阳光和蓝天： ··············· 127
灾难的意义：学会走出挫败的阴影 ··········· 128
起火的茅屋：学会为失去而感恩 ············· 128
父亲的教诲：用行动改变环境 ··············· 129
铅笔有多少种用途：在任何处境中都要保持积极的态度 ····· 130
最后一道面试题：面对失败要保持自信与坦然 ····· 131
盲人琴师：希望带来勇气与力量 ············· 132
教练的绝招：鼓励自己，走出困境 ··········· 133
虚掩的门：不要束缚了自己 ················· 134
第 11 次敲门：不要因为挫败而停止尝试 ····· 135

卖陶瓷的商人：过程比结果更重要 ……………………… 137
妈妈的答案：永远不要气馁 …………………………… 138
芬妮学游泳：战胜自己 ………………………………… 139
"不可能"先生的葬礼：只要努力，一切皆有可能 …… 140
艾森豪威尔的童年：学会勇敢 ………………………… 142
法拉第求职：摆脱恐惧的枷锁 ………………………… 143
魔术师打不开的锁：不要过分依赖自己的经验 ……… 144
敢于尝试的王子：推走心灵的巨石 …………………… 145
老者的职场告别演说：勤勤恳恳地做好每一件事 …… 146
蜘蛛人的非常之举：再大的困难也可以克服 ………… 148
从丑小鸭到白天鹅：用勇气挖掘内心的宝藏 ………… 149
会弯曲的雪松：灵活应对生活中的不幸 ……………… 149
喜欢说闲话的女孩：学会克制自己的言行 …………… 150
走出"旧我"的巷子：破除保守，改变自我 ………… 151

成功篇：不断进取，让梦想照进现实

洛奇的忠告：发现自我，走向成功 …………………… 155
董贤的悲剧：学会独立是成功的前提 ………………… 156
总统给弟弟的一封信：不要依赖别人 ………………… 157
不要只为面包祈祷：用自己的双手去换取成功 ……… 159
大力神与车夫：开动脑筋，解决困难 ………………… 160
三只青蛙：冷静而积极地想办法 ……………………… 161
蛹：解决问题得靠自己 ………………………………… 162
猫的礼物：练就一身好本领 …………………………… 162
炼金术：脚踏实地才能成功 …………………………… 163
哈默的尊严：拒绝施舍，靠努力获取成功 …………… 164
沙漠与小河：适应外界变化才能成功 ………………… 166
飞翔的小毛虫：顺其自然，迎接挑战 ………………… 167
裁员：积极求变，适应社会 …………………………… 168
不变的是变化：调整自己，积极面对变化 …………… 169
眼镜：要想成功先要改变自己的内在 ………………… 170
门：迅速找到解决问题的方案 ………………………… 170

唤山：调整自己，适应环境 ……………………………… 171
拼图：换一种思路看问题 ………………………………… 172
另类的风景：障碍也可以成为风景 ……………………… 173
贷款的犹太富翁：学会变通思考 ………………………… 173
驴子的结论：要用发展的眼光来看事物 ………………… 175
珍妮的日记：没有什么不可以改变 ……………………… 175
保曼的面试：有时需要等一等 …………………………… 177
士兵过河：趟过命运的冰河 ……………………………… 178
不要在冬天砍树：积蓄力量，等待成功 ………………… 179

心态篇：摆正心态，从容面对

一切都会过去：忘掉悲伤，直面逆境 …………………… 183
不要为打翻的牛奶流泪：珍惜现在所拥有的 …………… 183
那不过是一件衣服：不要为小事而烦恼 ………………… 184
"烦恼树"：找回心理平衡 ………………………………… 185
医生的秘诀：每天给自己一个希望 ……………………… 186
叶天士：心病还须心药医 ………………………………… 187
太太的经验：不要太在意别人的眼光 …………………… 188
爱丽莎的转变：喜欢自己，别人才会喜欢你 …………… 189
瓦伦达心态 ………………………………………………… 191
贫穷的青年：你是最富有的人 …………………………… 191
一片枯叶：乐观向上，战胜挫折 ………………………… 192
球迷的横幅：不要因为失败而丧失斗志 ………………… 193
心若在，梦就在：摆脱阴影，重振精神 ………………… 194
寄往天堂的信：走出悲伤，摆脱忧郁 …………………… 195
把荣誉当玩具：不要把荣誉看得太重 …………………… 197

交际篇：学会交际，打造黄金人脉

地狱和天堂的差别：合作才能双赢 ……………………… 201
鱼竿与鱼：合作才能生存 ………………………………… 201
三个和尚：相互协作，共同完成任务 …………………… 202
雁群的启示：在团队中才能发挥出最大的力量 ………… 203
搬岩石的男孩：借助别人的力量来实现目标 …………… 204

手指的争吵：相互合作，取长补短	205
信赖：相信别人，才能合作顺利	206
球场上的友谊：团队的成功才是最大的成功	207
梁亭与楚亭：学会忍让，化敌为友	208
鹿肉：以德报怨	209
薛雪与叶天士：丢弃前嫌	210
放下手中的枪：宽容消除仇恨	211
谦和的拳王：宽容别人也是一种自重	212
监狱中的曼德拉：原谅伤害过你的人	213
瓜地里的风波：多一分宽容，多一个朋友	214
女鬼与菩萨：打开心窗，接受他人	215
蕨菜和无名小花：保持距离才能以礼相待	216
学会倾听	217
给别人一个台阶下	219
一位漂亮女士的交际技巧	220
请客	221
竞争上岗	222
一碗汤	223
报答	224
松下待客	225
加温的选择	226
两根蜡烛：打开心锁，体会温暖	228
开放的花园最美丽：学会分享，你会更幸福	229
王强的邻居：宽容是座连心桥	231

爱心篇：与人为善，让生活充满温暖

智者与蝎子：不要放弃自己的爱心	235
爱的力量：唯有爱才能让人敞开心灵	235
小男孩的愿望：给予比接受更令人快乐	236
一把小提琴：爱可以拯救迷途的灵魂	238
成功、财富和爱心：爱是人生最伟大的信念	240
转变：真诚地关怀别人	241

沙漠中的抽水机：付出关怀才能得到关爱 …………………… 242
佛莱明与丘吉尔：助人如助己 ………………………………… 243
拾海星的老人：不以善小而不为 ……………………………… 244
20元：在别人最困难的时候伸出援手 ………………………… 245
喜欢说"早安"的传教士： ……………………………………… 246

成长篇：让青春在阳光下绽放

公主与道白者：每个角色都很重要

纽约市一家中学为了给贫困学生募捐，决定排演一出名为《圣诞前夜》的话剧。9 岁的凯瑟琳很幸运被老师选中扮演剧中的公主。接连几周，母亲都煞费苦心地跟她一道练习台词。可是，无论她在家里表现得多么自如，一站到舞台上，她头脑里的词句就全都无影无踪了。

最后，老师只好让别人替换了她。老师告诉凯瑟琳，她为这出戏补写了一个道白者的角色，请她调换一下角色。虽然她的话挺亲切婉转，但还是深深地刺痛了凯瑟琳——尤其是看到自己的角色让给另一个女孩的时候。

那天回家吃午饭时，凯瑟琳没把发生的事情告诉母亲。然而，细心的母亲却觉察到了她的不安，没有再提议练台词，而是问她是否想到院子里走走。

那是一个明媚的春日，棚架上的蔷薇藤正泛出亮丽的新绿。凯瑟琳无意中瞥见母亲在一棵蒲公英前弯下腰。"我想我得把这些杂草统统拔掉。"她说着，用力将它连根拔起。"从现在起，咱们这庭园里就只有蔷薇了。"

"可我喜欢蒲公英，"凯瑟琳抗议道，"所有的花儿都是美丽的，哪怕是蒲公英！"

母亲微笑着打量着她。"对呀，每一朵花儿都以自己的风姿给人愉悦，不是吗？"她若有所思地说。

凯瑟琳点点头，高兴自己战胜了母亲。

"对人来说也是如此。"母亲又补充道，"不可能人人都当公主，但那并不值得羞愧。"

凯瑟琳想母亲猜到了自己的痛苦，她一边告诉母亲发生了什么事，

一边失声哭泣起来。

母亲听后释然一笑。

"但是,你将成为一个出色的道白者。"母亲说,"道白者的角色跟公主的角色一样重要。"

涓涓心语

和百花一样,我们每个人都有各自的使命、个性和生活方式,我们每个人都要开出自己的花,完成自己的使命,这样整个世界才能和谐美丽。

不能指示时间的表:努力做一个有用的人

有一位才华出众的年轻诗人,创作了很多的抒情诗篇,可是他却很苦恼。因为,人们都不喜欢读他的诗。这到底是怎么一回事呢?

诗人从来不怀疑自己的创作才华。于是,他去向父亲的朋友——一位老钟表匠请教。

老钟表匠听后一句话也没说,把他领到一间小屋里,里面陈列着各式各样的名贵钟表。这些钟表,诗人从来没有见过。有的外形像飞禽走兽,有的会发出鸟叫声,有的能奏出美妙的音乐……

老人从柜子里拿出一个小盒,把它打开,取出了一只式样特别精美的金壳怀表。这只怀表不仅式样精美,更奇异的是,它能清楚地显示出星象的运行、大海的潮汛,还能准确地标明月份和日期。这简直是一只"魔表",世上到哪儿去找呀?诗人爱不释手。他很想买下这个"宝贝",就开口问表的价钱。老人微笑了一下,只要求用这"宝贝",换下诗人手上的那只普普通通的表。

诗人对这块表真是珍爱之极,吃饭、走路、睡觉都戴着它。可是,

不久他到老钟表匠那儿要求换回自己原来的那块普通的手表。老钟表匠故作惊奇,问他对这样珍异的怀表还有什么感到不满意。

诗人遗憾地说:"它不会指示时间,可表本来就是用来指示时间的。我戴着它不知道时间,要它还有什么用处呢?有谁会来问我大海的潮汐和星象的运行呢?这表对我实在没有什么实际用处。"

老钟表匠微微一笑,把表往桌上一放,拿起了诗人的诗集,意味深长地说:"年轻的朋友,让我们努力干好各自的事业吧。你应该记住:怎样给人们带来用处。"

诗人这时才恍然大悟,从心底里明白了这句话的深刻含义。

涓涓心语

人生的精彩不在于你做什么,而在于你是否能够成为一个有用的人,并为自己的存在而骄傲。被人们认为迄今为止最有智慧的人的杰出代表——爱因斯坦,曾告诉我们:"不要努力去做一个成功的人,而是要努力去做一个有价值的人。"他不仅为我们指明了一个人生发展的取向,而且也教会了我们一种正确对待人生的方式。

小橡树的困惑:做自己就好

在一个美丽的花园里长满了各种各样的树木和花草,在这个园子里,苹果树、梧桐树、橡树、玫瑰花、栀子花,每一棵树都是那么挺拔,每一朵花都是那么娇艳,充满了生机和活力。

可是,在这之前的一段时间里,花园里的情形却不是这样,有一颗小橡树总是愁容满面。可怜的小家伙一直被一个问题困扰着,不知道自己能做什么。苹果树说:"做一棵苹果树吧,只要努力,就会像我一样结出美味的苹果。"

玫瑰花说："不对。你看我开出的花多漂亮，还是努力做玫瑰花吧。"

小橡树听了它们的话，就努力的伸展枝叶，努力地汲取养分。但却没有在苹果树结满美味苹果的时候，结出一个苹果；也没有在玫瑰花一满枝头的时候，开出一朵玫瑰花。

小橡树很难过。心想，我已经很努力了，而且比你们想象的还要努力，可就是不行。想着想着，它就愈发伤心，越想和别人一样，就越觉得自己无用。一天，鸟中的智者雕来到了花园，看到唯独可爱的小橡树在一旁闷闷不乐，便上前安慰。听了小橡树的困惑后，它说："你的问题并不严重，地球上许多人都面临着同样的问题。我来告诉你怎么办。你不要把生命浪费在去变成别人希望你成为的样子，你就是你自己，你永远无法变成别人，更没有必要变成别人的样子，你要试着了解你自己，做你自己，要想知道这一点，就要聆听自己内心的声音。"说完，雕就飞走了，留下小橡树独自思考。

橡树自言自语道："做我自己，了解我自己？倾听自己的内在声音？"突然，小橡树茅塞顿开，它闭上眼睛，敞开心扉，终于听到了自己内在的声音："你永远都结不出苹果，因为你不是苹果树；你也不会每年春天都开花，因为你不是玫瑰。你是一棵橡树，你的使命就是要长得高大挺拔，给鸟儿栖息，给游人遮阴，创造美丽的环境。你有你的使命，去完成它吧！"

小橡树顿时觉得浑身上下充满了自信和力量，它开始为实现自己的目标而努力，很快它就长成了一颗大橡树，填满了属于自己的空间，赢得了大家的尊重。

涓涓心语

许多人之所以在生活中一事无成，甚至自暴自弃，其根本原因就是因为他们对自己没有清醒的认识，他们不知道自己到底想要干什么。因此，如果你想要改变自己，干出一番事业，就必须对自己有一个清楚的认识。

爱因斯坦的父亲与约翰大叔：学会反观自身

爱因斯坦小时候和很多小孩子一样，是一个十分调皮贪玩的孩子，经常和一些坏孩子混在一起。他的父亲常常为此忧心忡忡，他想找一个办法让爱因斯坦变得好学起来。直到爱因斯坦16岁的那年秋天。一天上午，父亲将正要去河边钓鱼的爱因斯坦拦住，并给他讲了一个故事，正是这个故事改变了爱因斯坦的一生。故事是这样的：

"昨天，"爱因斯坦父亲说，"我和咱们的邻居约翰大叔去清扫南边工厂的一个大烟囱。那烟囱只有踩着里边的钢筋踏梯才能上去。你约翰大叔在前面，我在后面。我们抓着扶手，一阶一阶地爬了上去。下来时，你约翰大叔依旧走在前面，我还是跟在他的后面。后来，钻出烟囱，我们发现了一件奇怪的事情：你约翰大叔的后背、脸上全都被烟囱里的烟灰涂黑了，而我身上竟连一点烟灰也没有。"

爱因斯坦的父亲继续微笑着说："我看见你约翰大叔的模样，心想我肯定和他一样，脸脏得像个小丑，于是我就到附近的小河里去洗了又洗。而你约翰大叔呢，他看见我钻出烟囱时干干净净的，就以为他也和我一样干净，于是只草草洗了洗手就大模大样上街了。结果，街上的人都笑痛了肚子，还以为你约翰大叔是个疯子呢。"

爱因斯坦听罢，忍不住和父亲一起大笑起来。父亲笑完了，郑重地对他说："其实，谁也不能做你的镜子，只有自己才是自己的镜子。拿别人做镜子，白痴或许会把自己照成天才的。"

爱因斯坦听了，顿时满脸愧色。

从此，爱因斯坦从此离开了那群顽皮的孩子。他时时用自己做镜子来审视和映照自己，终于映照出了他生命的熠熠光辉。

涓涓心语

别人并不能映照出你自己，只有自己才是最明亮的镜子。来到这个

世界上，每个人都有自己的角色和任务，一个人要牢记自己的使命，不断进取，努力去做最好的自己。

弥留之际的犹太智者：不要成为别人的影子

很多年前，犹太有一位受人尊敬的智者，名叫拉比·苏西亚，他是一位博学多才的学者和老师，在他弥留之际，很多学生聚集在他的床前，拉比掉下了眼泪。

他的学生不禁问他："老师，您为什么哭泣？"

苏西亚回答说："如果上了天堂以后，天使问我：'为什么你不能像摩西一样？'我一定会肯定地回答他说：'因为我本来就不是摩西。'

"如果天使再问我：'可是你也没有像艾利西（希伯来的大预言家）一样的丰功伟绩。'

"那我也可以肯定地回答：'因为我来到世上的任务和艾利西不同。'

"可是，有一个问题，恐怕我会答不出来。我怕他问：'你为什么不能像拉比·苏西亚？'"

拉比·苏西亚去世200多年后，一位叫珍妮的美国小姑娘在她的人生过程中崭露头角。她以十二岁的小小年纪，多次向世界网球冠军赛叩关。她在自己的青少年时期就已经跃升为第一级选手，她向许多实力极强的成人明星球员挑战，并获得胜利。

当有人问她是不是希望当第二个克莉丝·艾芙特时，珍妮回答说："不，我要当第一个珍妮。"这种当仁不让的自信心，和她在球场上的表现是一致的，因为她知道，成功的唯一途径，就是展现自我，而不是模仿别人，成为别人的影子。

涓涓心语

每个人都有自己的角色和人生，只有当他演好自己的角色时，他才

会拥有一个快乐的人生。如果你想让自己拥有快乐、幸福的人生，就要找到自己的角色，而不要去模仿别人。

只会模仿的鹦鹉：要有自己的特色

森林里正在举行一场演唱会，每位参赛选手都使出了浑身解数，节目一个比一个精彩。黄鹂清脆悦耳的合唱，夜莺婉转动听的独唱，雄鹰豪迈有力的高歌，大雁低回深沉的吟咏……博得了一阵又一阵热烈的掌声。唯有鹦鹉不以为然，脸上挂着嘲讽的冷笑："你们每个就那么两下子，有什么了不起？轮到我呀……哼！"

终于该鹦鹉上场了，她昂首挺胸地走上舞台，神气地向大家鞠了一躬，清清嗓子就唱了起来。

第一支歌，她学黄鹂啼；第二支歌，她学夜莺唱；第三支歌，她学雄鹰叫；第四支歌，她学大雁鸣……她唱了一支又一支，完全陶醉在自己的歌声里。

音乐会评奖结果公布了，鹦鹉以为自己稳拿第一，可是她从第一名一直找到第十六名，也没有找到自己的名字。她不相信自己的眼睛，又从头找了一遍，还是没有找到。就这样，她仔仔细细、反反复复地找了十二遍，却还是白费劲儿。

"怎么把我的名字搞漏了呢？"鹦鹉刚要挤出鸟群去找评奖委员会问问，快嘴喜鹊一把拉住她说："鹦鹉姑娘，你的名字在这儿呢！"

鹦鹉顺着喜鹊的翅膀尖一看，她的名字竟排在名单的末尾。

鹦鹉难过地哭了。她满腹委屈地找到评奖委员会主任凤凰说："我……我难道还……还不如乌鸦吗？为什么把我排……排在最末一名？"

凤凰诚恳地对她说："艺术贵在独创。你除了重复别人的调子外，哪有一个音符是你自己的呢？"

涓涓心语

人生不是一场模仿秀,你要正确地认识自己,做一个真正的自己,保持自己独有的个性。一味地模仿别人只会让我们失掉自己的特色。

自力更生的小仲马:拒绝依赖

有一天,大仲马得知自己的儿子小仲马寄出的稿子总是碰壁,就告诉小仲马说:"如果你能在寄稿时,随稿给编辑们附上一封短信,说'我是大仲马的儿子',或许情况就会好多了。"

小仲马断然拒绝了父亲的建议,他说:"不,我不想坐在您的肩头上摘苹果,那样摘来的苹果没味道。"

年轻的小仲马不但拒绝以父亲的盛名做自己事业的敲门砖,而且不露声色地给自己取了十几个其他姓氏的笔名,以避免那些编辑把他和大名鼎鼎的父亲联系起来。

面对那些冷酷而无情的退稿笺,小仲马没有沮丧,仍然坚持创作自己的作品。他的长篇小说《茶花女》寄出后,终于以其绝妙的构思和精彩的文笔震撼了一位资深编辑。这位知名编辑曾和大仲马有着多年的书信来往。他看到寄稿人的地址同大作家大仲马的丝毫不差,便怀疑是大仲马另取的笔名,但作品的风格却和大仲马的截然不同,带着这种兴奋和疑问,他迫不及待地乘车造访大仲马家。

令他大吃一惊的是,《茶花女》这部伟大的作品,作者竟是大仲马名不见经传的儿子小仲马。

"您为何不在稿子上署上您的真实姓名呢?"老编辑疑惑地问小仲马。

小仲马说:"我只想拥有真实的高度。"

老编辑对小仲马的做法赞叹不已。

《茶花女》出版后,法国文坛书评家一致认为这部作品的价值大大超

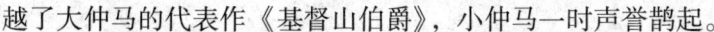

越了大仲马的代表作《基督山伯爵》，小仲马一时声誉鹊起。

涓涓心语

一个人的价值只有通过自己辛勤努力取得的成绩才能够证明。我们要清楚地认识自己，认识自己真实的高度，就应当凭借自己辛苦的努力获得一定的业绩，并根据别人对自己的认可来判断自己的高度。

自以为是的山羊：看清自己的长处与短处

一天清晨，一只山羊来到一个菜园旁边，它想吃里面的白菜，可是一道栅栏把它挡在了外面，它进不去。

这时，太阳慢慢从地平线上升起来了，在不经意中，山羊看见了自己的影子，它的影子拖得很长很长。它以为自己很高大，于是自言自语地说："我如此高大，定能吃到树上的果子，吃不吃这白菜又有什么关系呢？"

在距离菜园子不远的地方，有一大片果园。园子里的树上结满了五颜六色的果子，于是山羊便朝着果园的方向奔去。到达果园时，已是正午，太阳当头。这时，山羊的影子变成了很小的一团。"唉，原来我是这么矮小，看来是吃不到树上的果子了，还是回去吃白菜的好！"于是，它又匆匆忙忙转身往回跑。等跑到菜园子的栅栏外时，太阳已经偏西，它的影子又变得很长很长。

"我干吗非要回来呢？"山羊很懊恼，"凭我这么大的个子，吃树上的果子是一点儿问题也没有的。"

山羊烦恼的主要原因就在于它对自己没有一个正确的认识。当它看到自己被阳光拉长的身影时就认为自己十分高大，无所不能；然而，当正午的阳光照在它身上时，它又忍不住因自己缩小的身影而妄自菲薄。

涓涓心语

世界上没有完全相同的树叶，人也一样，每个人都是上帝的宠儿。天生我材必有用。我们应当正确地认识自己，既要看到自己的长处，又要认识到自己的不足，给自己一个准确的定位。

杰克的画：要有自己的主见

杰克是一位年轻的画家。有一次，他在画完一幅画作后，拿到展厅去展出。为了能听取更多的意见，他特意在他的画作旁放上一支笔。这样一来，每一位观赏者，如果认为此画有败笔之处，都可以直接用笔在上面圈点。

当天晚上，杰克兴冲冲地去取画，却发现整个画面都被涂满了记号，没有一笔一画不被指责的。杰克十分懊丧，对这次的尝试深感失望。

杰克把他的遭遇告诉了一位朋友，朋友告诉他不妨换一种方式试试。于是，杰克临摹了同样一张画又拿去展出，但这一次，他要求每位观赏者在其最为欣赏的妙笔之处标上记号。

等到他再取回画时，发现画面也被涂遍了标记。一切曾被指责过的地方，如今都换上了赞美的标记。

"哦！"他不无感慨地说，"现在我终于发现了一个奥秘：无论做什么事情，不可能让所有的人都满意，因为，在一些人看来是丑恶的东西，在另一些人眼里或许是美好的。"

画展里的这种情况，我们会在现实生活里常常碰到。同样的事，同样的人，常常会出现不同的待遇，产生不同的结果。仔细想想，这也并不奇怪，因为人世间每一个人的眼光各不相同，理解事物的角度也不尽一样。所以遇事要用正确的思维方式，不要完全相信你听到的看到的一切，也不要因为他人一时的批评而迷失自己。

涓涓心语

我们无论做什么，一定要对自己有一个清楚的认识，要有自己的主见，不能因为别人一时的批评和议论而迷失自己，改变自己，失去了自己的主见。

演说家的钞票：内在价值最重要

在一次演讲会上，一位著名的演说家手里高举着一张10美元的钞票，讲了一句开场白。

面对大厅内的听众，他问："谁要这10美元？"

一只只手举了起来。

"我打算把这10美元送给你们中的一位，但在这之前，请准许我做一件事。"他说着将钞票揉成一团，然后问："谁还要？"

仍有人举起手来。

"那么，假如我这样做又会怎么样呢？"他接着把钞票扔到地上，又踏上一只脚，并且用脚碾它。当钞票已变得又脏又皱的时候，他才捡起来。

"现在谁还要？"

还是有人举起手来。

"朋友们，你们已经上了一堂很有意义的课。无论我如何对待那张钞票，你们还是想要它，它并没贬值，它依旧值10美元。在人生路上，我们会无数次被自己的决定或碰到的逆境击倒、欺凌甚至被碾得粉身碎骨。我们会觉得自己似乎一文不值。但无论发生什么，或将要发生什么，在上帝的眼中，我们是永远不会丧失价值的。无论肮脏或洁净，衣着齐整或不齐整，每一个人依然是无价之宝。"

涓涓心语

每个人都有自己独一无二的价值。我们的价值不是取决于别人对我们的态度，也不会因为我们遭受挫败而贬值，无论别人怎么侮辱你，诋毁你，践踏你，你的价值依然存在。

自作聪明的推销员：不要过分自信

有一个卖吸尘器的推销员对自己的销售业绩很不满意，整日都在苦思改善的办法。有一天他忽然一拍脑袋，想到了一条锦囊妙计。

这一天，他信心百倍地来到一个高级住宅区。推销员看准了一户人家，他按照新构思出来的推销新招式，提着一大桶牛粪，走到锁定目标的门前。

按完门铃之后，等对方一开门，推销员连招呼都不说一声，就直接冲进门内，将手中的桶用力一挥，洒了满地的牛粪。

面对女主人一脸愤怒的表情，这位推销员大声地说："夫人，你不用担心。我保证，以我们吸尘器的优越性能，绝对能在10分钟内，把这些牛粪彻底清除干净。如果我们公司的吸尘器办不到的话，我就把这些牛粪全都给吃了。"

接着，他便站在原地，等待女主人表现出愿意购买的答复。却不料，女主人二话不说，转头便走进厨房。

这位推销员立即紧张地追问女主人道："怎么？你对于我们公司吸尘器的超强功能，没有兴趣吗？"

这时，只见女主人从厨房里拿出酱油和番茄酱说道："我比较感兴趣的是，你在吃那些牛粪的时候，到底想要加哪一种调味料？"

推销员更为惊讶地说："我根本还没开始操作吸尘器，你怎么知道不能把那些牛粪完全地吸干净呢？"

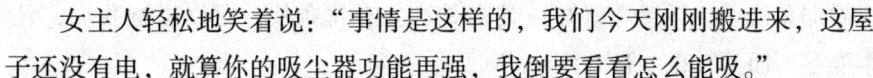

女主人轻松地笑着说:"事情是这样的,我们今天刚刚搬进来,这屋子还没有电,就算你的吸尘器功能再强,我倒要看看怎么能吸。"

涓涓心语

自信是一个人保持心理健康的重要条件之一。真正的自信来自于正确的自我认识,过度的自我膨胀只会让你的行为超出自身能力的限度,最终必定会导致失败。

水桶里的线:量力而行

在一座深山中藏着一座千年古刹。有一位高僧隐居在此。

听到他的名声,人们都千里迢迢来寻找他,有的人想向大师求解人生迷津,有的人想向大师学一些武功秘籍。

他们到达深山的时候,发现大师正从山谷里挑水。他挑得不多,两只木桶里的水都没有装满。

按他们的想象,大师应该能够挑很大的桶,而且挑得满满的。

他们不解地问:"大师,这是什么道理?"

大师说:"挑水之道并不在于挑得多,而在于挑得够用。一味贪多,适得其反。"众人越发不解。大师从他们中拉了一个人,让他重新从山谷里打两满桶水。那人挑得非常吃力,摇摇晃晃,没走几步,就跌倒在地,水全都洒了,那人的膝盖也摔破了。

"水洒了,岂不是还得回头重打一桶吗?膝盖破了,走路艰难,岂不是比刚才挑得更少吗?"大师说。

"那么大师,请问具体挑多少,怎么估计呢?"

大师笑道:"你们看这个桶。"

众人望去,桶里画了一条线。

大师说:"这条线是底线,水绝对不能高于这条线,高于这条线就超过了自己的能力和需要。起初还需要画一条线,挑的次数多了以后就不用看那条线了,凭感觉就知道是多是少。有这条线,可以提醒我们,凡事要尽力而为,也要量力而行。"

众人又问:"那么底线应该定多低呢?"

大师说:"一般来说,越低越好,因为低的目标容易实现,人的勇气不容易受到挫伤,相反会培养起更大的兴趣和热情,长此以往,循序渐进,自然会挑得更多、挑得更稳。"

涓涓心语

无论是大师,还是普通人,在能力上都会有一个底线。如果超过了这个底线,去做力不能及的事,那么再强健的人也要跌跤。

为第二名叫好:不要在竞争中迷失自我

在一部美国电影里有这么一段发人深省的情节。

那是1980年的一天,一个校园里正在进行一场激烈的足球比赛。有一支球队打得不错,学生啦啦队开始有韵律地喊着:"我们第一名!我们第一名!"

教师莫里就坐在一旁,他对这加油声似乎颇感不解,就在学生们还喊着"我们第一名"时,莫里突然站起来大吼一声:"第二名又有什么不好!"

学生们惊讶地望着他,停止了加油声。莫里坐了下来,脸带微笑,状甚得意。

是的,第二名又有什么不好?然而,我们一生努力争取的,却是第一名。有很多人在追求第一的激烈的角逐中迷失了自我,忘记了人生的目的,忘记了自身的成长。

事实上,获得第一名也不过是短暂的胜利。重要的不是你得到第几名,而是你从中学到一些什么。我们要有赢的决心,但同时更要把握自

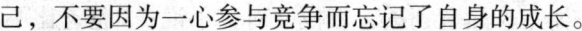

己,不要因为一心参与竞争而忘记了自身的成长。

涓涓心语

第一名是胜利,第二名也同样精彩。我们每天都生活在竞争中,但是人生不是比赛。生活中还有很多有意义的事情等待我们去尝试,因此,我们不能在一味的争强好胜中忘掉了自我的真实目的。

承认自己会输的教授:正视自己的不足

有一位教授住在一个离郊区不远的街区,那里有很多卖小吃的商贩。一次,这位教授带孩子散步路过,看到生意极好,所有的椅子都坐满了人。

教授和孩子驻足围观,只见卖面的小贩把油面放进烫面用的竹捞子里,一把塞一个,仅在刹那之间就塞了十几把,然后他把叠成长串的竹捞子放进锅里烫。

接着他又以迅雷不及掩耳的速度,将十几个碗一字排开,放佐料、盐、味精等,随后捞面、加汤,做好十几碗面的过程竟没有用到5分钟,而且还边煮边与顾客聊着天。

教授和孩子看呆了。

当他们从面摊离开的时候,孩子突然抬起头来说:"爸爸,我猜如果你和卖面的比赛卖面,你一定输!"

对于孩子突如其来的谈话,教授莞尔一笑,立即坦然承认,自己一定输给卖面的人。教授说:"不只会输,而且会输得很惨。我在这世界上是会输给很多人的。"

他们在豆浆店里看伙计揉面粉做油条,看油条在锅中胀大而充满神奇的美感,教授就对孩子说:"爸爸比不上炸油条的人。"

他们在饺子饭馆,看见一个伙计包饺子如同变魔术一样,动作轻快,

双手一捏，个个饺子大小如一，晶莹剔透，教授又对孩子说："爸爸比不上包饺子的人。"

涓涓心语

正视自己的缺点，才能真正地认识自己。我们在看待周围的事物时，常常会觉得自己很了不起，并因此而骄傲自大，看不起别人。然而一旦我们将心头的高傲去掉，清楚地将自己与别人做一番比较，我们就会发现自己处处有不如别人的地方。

不带伞和拐杖的旅行者：不要炫耀自己的优势

一天傍晚，一家旅店住进了三位旅行者。

早上出门的时候，一个旅行者带了一把伞，另一旅行者拿了一根拐杖，第三个旅行者什么也没有拿。晚上归来的时候，拿伞的旅行者淋得浑身是水，拿拐杖的旅行者跌得满身是伤，而第三个旅行者却安然无恙。于是前两个旅行者很纳闷，问第三个旅行者："你怎么会没事呢？"

第三个旅行者没有回答，而是问拿伞的旅行者："你为什么会淋湿而没有摔伤呢？"

拿伞的旅行者说："当大雨来临的时候，我因为有了伞就大胆地在雨中走，却不知怎么淋湿了；当我走在泥泞坎坷的路上时，我因为没有拐杖，所以走得非常仔细，专拣平稳的地方走，所以没跌伤。"

然后，他又问拿拐杖的旅行者："你为什么没有淋湿却跌伤了呢？"

拿拐杖的旅行者说："当大雨来临的时候，我因为没有带雨伞，便拣能躲雨的地方走，所以没有淋湿；当我走在泥泞坎坷的路上时，我便用拐杖拄着走，却不知为什么常常跌伤。"

第三个旅行者听后笑笑，说："这就是我安然无恙的原因。当大雨来时我躲着走，当路不好时我小心地走，所以我没有淋湿也没有跌伤。你们的失误就在于你们有凭借的优势,认为有了优势便少了忧患,因此才会被雨淋,才会跌伤自己。"

涓涓心语

许多时候,我们并不是跌倒在自己的缺陷上,而是跌倒在自己的优势上,因为我们常常警惕自己的不足,而把优势当成自己炫耀的资本,殊不知,一不小心,就会被它玩弄。

春水上行的选择:做自己喜欢做的事

2001年3月的一天,在华盛顿国立女性艺术博物馆,举办了一场名为"摩西奶奶在20世纪"的画展。这个画展除了展出摩西奶奶的作品外,还陈列了一些来自其他国家有关摩西奶奶的私人收藏品。其中有一张明信片引起了大家的广泛关注:它是摩西奶奶1960年寄出的,收件人是一位名叫春水上行的日本人。

这张明信片是第一次公布于众,上面有摩西奶奶画的一座谷仓和她亲笔写的一段话:做你喜欢做的事,上帝就会高兴地帮你打开成功之门,哪怕你现在已经80岁了。

摩西奶奶为什么要写这段话呢?原来这位叫春水上行的人很想从事写作,他从小就喜欢文学。可是大学毕业后,一直在一家医院里工作,这让他感到很别扭。

马上就30岁了,他不知该不该放弃那份令人讨厌却收入稳定的职业,以便从事自己喜欢的行当。于是他给耳闻已久的摩西奶奶写了一封信,希望得到她的指点。对于春水上行的信,摩西奶奶很感兴趣,因为过去的大多数来信,都是恭维她或向她索要绘画作品的,这封信却是谦虚地向她请教人生问题。虽然当时她已100岁了,还是立即做了回复。

摩西奶奶是美国弗吉尼亚州的一位农妇，76岁时因关节炎放弃农活，在这段时期她发现了自己惊人的艺术天才，并开始了她梦寐以求的绘画。80岁时，摩西奶奶到纽约举办画展，引起了意外的轰动。她活了101岁，一生留下绘画作品600余幅，在生命的最后一年还画了40多幅。

那么，到底是什么原因让人们异常关注那张明信片呢？原来，那张明信片上的春水上行，正是在日本乃至全世界都大名鼎鼎的作家渡边淳一。也许正是这个原因，每当讲解员向参观的人讲解这张明信片时，总要附带地说上这么几句话：你心里想做什么，就大胆地去做吧！不要管自己的年龄有多大，现在的生活状况如何，因为，你想做什么和你能否取得成功，与这些没有什么关系。

涓涓心语

兴趣是最好的老师。一个人想要度过快乐的人生，唯一的秘诀就是做自己喜欢做的事。做自己喜欢做的事，能使人忘却悲哀和劳累，获得平和充实的幸福感。

骄傲的陶罐：选择适合自己的角色

有一位陶工制作了一件精美的彩釉陶罐，为了确保安全，他把它放在了地下室里。

陶罐认为主人把自己放错了地方，整天唉声叹气地抱怨说："我这么漂亮，这么精致，为什么不把我放到皇宫里作为收藏品呢？即使摆放到商店展出，也比待在这儿强啊！"

陶罐底下的石头听了忍不住劝它说："这儿不是也挺好吗？我比你待得还久呢。"

陶罐听了讥讽石头说："你算什么东西？只不过是一块垫脚石罢了，

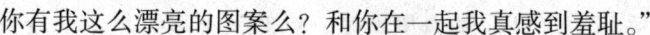

你有我这么漂亮的图案么?和你在一起我真感到羞耻。"

石头争辩说:"我确实不如你漂亮好看,我生来就是做垫脚石的,但在完成本职任务方面,我不见得比你差……"

"住嘴!"陶罐愤怒地说,"你怎么敢和我相提并论!你等着吧,要不了多久,我就会被送到皇宫成为收藏品……"它越说越激动,不小心摇晃了一下,"哗啦"掉在地上,摔成了一堆碎片。

一年一年过去了,世界发生了许多变化,一个又一个王朝覆灭了,陶工的房子早已倒塌了,石头和那堆陶罐碎片被深深地埋在荒凉的泥土中。

许多年以后的一天,人们来到这里,掘开厚厚的土层,发现了那块石头。

人们把石头上的泥土刷掉,石头便露出了晶莹的颜色。"啊,这块石头可是一块价值连城的宝玉呢!"一个人惊讶地说。

"谢谢你们!"石头兴奋地说,"我的朋友陶罐碎片就在我的旁边,请你们把它也发掘出来吧,它一定闷得够受了。"

人们把陶罐碎片捡起来,翻来覆去查看了一番,说:"这只是普通的陶罐碎片,一点价值也没有。"说完就把这些陶罐碎片扔进了垃圾堆。

涓涓心语

在成长过程中,很多青少年心理问题的产生就是因为没有正确地认识自己,摆正自己的位置。社会是一个大舞台,要想在这个舞台上当一个好演员,就应当根据自己的素质、才能、兴趣和环境条件,选择适合自己的角色,这样才能体现出自己的价值。

对"小燕子"的疯狂崇拜:走自己的路

17岁的青年王某最大的心愿不是考上名牌大学,不是到梦想的地方去旅游,而是要亲眼见上《还珠格格》中"小燕子"的扮演者赵薇一面。

为了圆梦,他从家乡流浪来到北京追星未果,竟然又不远千里南下赶到"小燕子"的家乡安徽芜湖。

王某来自北方一座小城,5岁的时候,他的父母在一场车祸中遇难,剩下他和奶奶相依为命。祖孙俩生活十分艰难,只上到小学五年级他便辍学了。1997年,唯一的亲人奶奶又因病去世,他成了无依无靠的孤儿,白天在火车站捡破烂,晚上就睡在候车室。他看过《还珠格格》,天真活泼又有点叛逆的"小燕子"形象,深深印入他的脑海。

听说赵薇要去哈尔滨参加一个音乐会,于是王某扒火车来到哈尔滨。后听说赵薇在北京拍戏,他不顾辛劳赶到北京。后又从北京到合肥,再从合肥寻到芜湖。

当人们告诉他,赵薇长年不在芜湖,而且行踪不定时,王某显得既失望又怀疑。人们问他为什么这么喜欢"小燕子",他低头想了半天才说:"就是崇拜她。""见到赵薇后又怎样,你现在后悔了吗?"他又是一阵默然不语。

据王某说,他流浪的时候饥一顿饱一顿,为筹措见赵薇的路费,甚至卖血换钱。他还找过医院,想卖掉一个肾,用钱买1000朵玫瑰亲手献给自己的偶像,但被医院拒绝了。说这些话时,他从裤兜里摸出两张叠得整整齐齐、印有赵薇头像的剪报,直到这时,他的目光才闪现出一丝光彩。

涓涓心语

羡慕和崇拜名人,是人们普遍的心理,但是由于缺乏自制力和辨别能力,青少年对名人的崇拜往往会陷入一种盲目,只看到名人表面上的光环,而迷失了自我。当今社会是一个风云激荡、机会频生、奇迹迭出的时代。不迷失自己,"唱自己的歌,走自己的路",活出一个比"小燕子"更独特、更精彩的自我,这样的人生才能永不言悔。

小林的演讲：善待自己的缺点

在南方的一所实验中学里，有一个班有一个传统，那就是每逢周末的主题班会让每一位同学都轮流上台进行"才艺表演"。按规定，班内的每个人都要参与，在表演的过程中你可以发表演讲，也可以说段子、讲笑话，只要是能展示你自己，并且大家爱听爱看的，无论什么节目都可以。

这一次，轮到小林上台表演，他平时的表现可以说是班内男生堆里最不出众的一个，无论是学习成绩还是外貌形象。只见他慢腾腾地走上讲台，摘下他那顶作为道具用的帽子，先向同学们深深地鞠了一躬，然后清清嗓子开始演讲："嗯！从身材上看，不用我说大家也可以看出，我属三等残废之列，但大家知道吗，我比拿破仑还高出一厘米呢，他是一米五十九，而我是一米六〇；再有维克多·雨果、邓小平同志，我们的个头都差不多；我的前额不宽，天庭欠圆，可伟大的哲人苏格拉底也是如此；我承认我有些未老先衰的迹象，还没到二十岁便开始秃顶，但这并不寒碜，因为有大名鼎鼎的莎士比亚与我为伴；我的鼻子略显高耸了些，如同伏尔泰和乔治·华盛顿的一样；我的双眼凹陷，但圣徒保罗和哲人尼采亦是这般；我这肥厚的嘴唇足以同法国君主路易十四媲美，而我的粗胖的颈脖堪与汉尼拔和马克·安东尼齐肩。"

沉默了片刻，小林继续说："也许你们会说我的耳朵大了些，可是听说耳大有福，而且塞万提斯的招风耳可是举世闻名的啊！我的颧骨隆耸，面颊凹陷，这多像美国独立战争的英雄林肯啊！我的手掌肥厚，手指粗短，大天文学家丁顿也是这样。不错，我的身体是有缺陷，但要注意，这是伟大的思想家们的共同特点……"

当小林做完他的节目走下讲台时,班级里爆发出久久不息的掌声。

小林的演讲赢得了大家热烈的掌声,这不仅是因为他妙语连珠的演讲词,更重要的是他那种接纳自我、善待自己缺点的精神得到了大家的一致认可。

涓涓心语

古语云:甘瓜苦蒂,物不完美。这个世界上没有十全十美的东西,同样,也没有精灵通神的完人。如果一个人总是对自己的缺点耿耿于怀,那么就等于是和自己过不去。一个心理健康的人应当懂得悦纳自我,接受自己的缺点,并在此基础上积极地发挥自己的优点。

琳达的大嘴和龅牙:接受自己,走出自卑

好莱坞著名的女歌星琳达,是一位电车车长的女儿,她自幼酷爱唱歌和表演,想让自己成为一名当红的好莱坞明星,但是她认为自己的脸长得并不好看,嘴很大,有龅牙,每一次公开演唱的时候——在新泽西州的一家夜总会里——她总把上嘴唇拉下来盖住她的牙齿。她想要表演得"很美",可最终呢?却大出洋相位坤士。

但是,在那家夜总会里听琳达唱歌的一位绅士,却以为她很有天分。"我跟你说,"他很直率地说,"我一直在看你的演唱,我知道你想掩藏的是什么,你觉得你的牙齿长得很难看。"琳达当时一下子觉得无地自容,可是那个人继续说道:"难道说长了龅牙就罪大恶极吗?不要想去遮掩,张开你的嘴,观众看到你不在乎,他们就会喜欢你的。再说,"他很犀利地说,"那些你想遮起来的牙齿,说不定还会带给你好运呢。"

琳达接受了这位坤士的忠告,不再去注意牙齿。从那时候起,她

成长篇：让青春在阳光下绽放

只想到她的观众，她张大了嘴巴，热情而高兴地唱着，使她成为电影界和广播界的一流红歌星。

涓涓心语

喜欢你自己，愉快地接纳你自己，培养自信心。每个人都是一个独特的个体，一个人只有全面地接受自己，才能走出自卑、自责的心灵沼泽，活出精彩的自己。

轮椅上的罗斯福：直面逆境

富兰克林·罗斯福是美国第32任总统，1921年夏，年近39岁的正值壮龄的罗斯福在海中游泳时突然双腿麻痹，后经诊断是患了脊髓灰质炎（俗称小儿麻痹症）。这时他已做了参议员，在政坛上是个热门人物，遭此打击，他差点心灰意冷，退隐乡园。

开始时，他一点也不能动，必须坐在轮椅上，但他讨厌整天依赖别人把他抬上抬下，晚上就一个人偷偷练习。

有一天他告诉家人说，他发明了一种上楼梯的方法，要表演给大家看。原来，他先用手臂的力量，把身体撑起来，挪到台阶上，然后再把腿拖上去，就这样一阶一阶艰难缓慢地爬上楼梯。他的母亲阻止他说："你这样在地上拖来拖去的，给别人看见了多难看。"

罗斯福断然说："我必须面对自己的耻辱。"

涓涓心语

身体上的缺陷，不是我们打消自信的借口，也不是自暴自弃的理由，相反，它给了我们一个直面自己，挑战命运的机会。接纳自己，不仅要接受自己的优点和一帆风顺的生活，而且还要敢于直面逆境给我们带来的种种缺憾。

有裂缝的水桶：积极看待自己的价值

在深山中，有一位得道的高僧。他每天都会到山下去挑水。他有两个水桶，分别吊在扁担的两头，其中一个桶有裂缝，另一个则完好无缺。在每趟长途挑运之后，完好无缺的桶，总是能将满满一桶水从溪边送到主人家中，但有裂缝的桶里剩下半桶水。

两年来，这位高僧就这样每天都从山下挑一桶半水到自己的住处。当然，没有裂缝的桶对自己能够送满整桶水感到很自豪。有裂缝的桶呢？对于自己的缺陷则非常羞愧，他为只能负起责任的一半，感到很难过。

有裂缝的桶终于忍不住，在小溪旁对高僧说："我很惭愧，必须向你道歉。""为什么呢？"高僧问道："你为什么觉得惭愧？""过去两年，因为水从我这边一路地漏，我只能送半桶水到你家里，我的缺陷，使你做了全部的工作，却只收到一半的成果。"有裂缝的难过地桶说。高僧满怀爱心地说："在回家的路上，我要你留意路旁盛开的花朵。"

果真，他们走在山坡上，有裂缝的桶眼前一亮，看到缤纷的花朵，开满路的一旁，沐浴在温暖的阳光之下，这景象使它开心了很多！但是，走到小路的尽头，它又难受了，因为一半的水又在路上漏掉了！有裂缝的桶再次向高僧道歉。高僧温和地说："你有没有注意到小路两旁，只有你的那一边有花，没有裂缝的桶的那一边却没有开花？我明白你有缺陷，因此我善加利用，在你那边的路旁撒了花种，每回我从溪边来，你就替我一路浇了花！两年来，这些美丽的花朵开满了山路，成为路人眼中的风景，难道这不是一件功德无量的事情吗？"

自我悦纳说的就是我们要实事求是，乐观积极地看待自己，从自身

的不足和所处的不利环境中解脱出来,积极地看待自己的价值,去做自己想做的事,发挥自己应有的作用。

太太的鼻子:坦然接受不完美的东西

古代印度有一则发人深省的寓言故事,讲述了人们一味追求完美所付出的代价。

有一位先生娶了一个婀娜多姿、温柔善良的妻子。两个人感情一直很好,是人人羡慕的神仙眷侣。然而美中不足的是这位太太娇好的面庞上长了个酒糟鼻子。柳眉、凤眼、樱嘴、瓜子脸蛋上,却镶了个酒糟鼻子,好像失职的艺术家,对于一件原本足以称傲于世间的艺术精品,少雕刻了几刀,显得非常的突兀怪异。

于是,这位先生就一直对妻子的鼻子耿耿于怀。一日出外去经商,他路过一个贩卖奴隶的市场,宽阔的广场上,四周人声沸腾,争相吆喝出价,抢购奴隶。广场中央站了一个身材单薄、瘦小清癯的女孩子,正以一双汪汪的泪眼,怯生生地环顾着这群如狼似虎,决定她一生命运的大男人。这位先生仔细端详女孩子的容貌,突然间,被深深地吸引住了。好极了!这女子脸上长着一个端端正正的鼻子!

于是,这位先生就毫不犹豫地出高价买下了这个长着漂亮鼻子的女孩子,兴高采烈带着女孩子日夜兼程赶回家里,想给心爱的妻子一个惊喜。到了家中,把女孩子安顿好之后,割下女孩子漂亮的鼻子,拿着血淋淋而温热的鼻子,大声疾呼:

"太太!快出来哟!看我给你买回来的最宝贵的礼物!"

"什么样贵重的礼物,让你如此大呼小叫的?"太太疑惑不解地应声走出来。

"喏!你看!我为你买了个端正美丽的鼻子,你戴上看看。"

丈夫说完,突然出其不备,抽出怀中锋锐的利刃,一刀朝太太的酒糟鼻子砍去。霎时太太的鼻梁血流如注，酒糟鼻子掉落在地上，丈夫赶忙用双手把端正的鼻子嵌贴在伤口处，但是无论丈夫如何努力，那个漂亮的鼻子始终无法粘在妻子的鼻梁上。

可怜的妻子，既得不到丈夫苦心买回来的端正而美丽的鼻子，又失掉了自己那虽然丑陋、却货真价实的酒糟鼻子，并且还受到无妄的刀刃创痛。而那位糊涂丈夫的愚昧无知，更是叫人可怜！

涓涓心语

读了这个故事，我们会觉得故事中的这位丈夫的举动实在是十分荒唐可笑，然而在现实生活中，我们却常常会像故事中的这位丈夫一样，整天对一些生活中无法改变的缺陷耿耿于怀，甚至要不惜一切代价去改变它，结果不仅是无法如愿以偿，而且也失去了我们生活中原本美好的东西。

詹妮的苦恼：做真实的自己

詹妮是一位女教师，她对自己的脸孔很不满意，觉得哪儿看起来都不顺眼，因此，她决定去整容。

医师仔细地望着她，认为她长得并不难看——她的问题就在于她把自己估计得太低。

尽管如此，医师还是动手术稍微改善了她的五官，但只是动了一些小手术，比她所要求的要少了很多。

医师对她说："身为一名整容医师，我只能替你动这些手术了。"

詹妮好像对手术的效果并不太满意，她一面打量着镜中的自己，一面以一种指责的腔调说道："你并没有对我的脸做太大的改变。"

医师想了想说："你的脸只需稍做改变，我都已经做了。现在你的脸一点毛病也没有了，唯一的问题是你使用脸的方式错了——你把它当作一个面具，用来遮掩你的感觉。"

詹妮很伤心地低下头说："我已尽了最大的努力了。"

"我相信你，"医师说，"请你告诉我，你是不是因为自己是一名教师，因此对自己压抑得有点过分？"

詹妮沉默了一会儿，她说出了藏在自己心头很久的话：她很讨厌教师生活，因为她觉得她必须做学生最好的榜样。每一天她到学校去时，都必须戴着面具，表现出最好的一面，把所有的感情全部隐藏起来，只留下她认为是"正确"的一部分。她一直十分保守，经过3年的教学生活，她觉得太紧张了，令她再也无法忍受。她并不知道问题究竟出在何处，因此只得归咎于自己的脸不够美好。

詹妮说完了自己的遭遇之后，忍不住放声大哭。"孩子都嘲笑我。"她哭着说，随后突然警觉地停住哭泣，擦擦鼻涕，坐直了身子望向医师，仿佛她已经泄露出什么重大秘密。

医师脸上露出微笑："这样好多了，哭泣证明你也是个有感情的人。"

她慢慢放松自己，然后笑着望着医师。

"小孩子嘲笑你，"医师说，"是因为他们已经看出你一直都在演戏。身为一名教师，当然一定要控制自己，必须表现得十分能干而成熟，但是你用不着表现得十全十美。一个当老师的，偶尔也可以表现得愚蠢一点，学生仍然会尊重她，只要她基本上十分正常——学生将会因为她平易近人而更喜欢她。拿掉你的面具，你会更喜欢你自己，甚至会变得很喜欢教书的工作。"

离开诊所后，詹妮的心情好多了，几个月后，她不再担心自己的面孔，也不再因此而焦虑。她写信告诉医师，她觉得比以前轻松多了。她自认为是一名更有人情味的老师了，虽然她仍对教学工作感到有些焦虑，但她深信不久之后，她将不会再把教室当作监狱。

涓涓心语

美不是伪装，而真实的释放。跳出一味追求完美的陷阱，抛开无谓的负担，全面地接受自己的优点和缺点，你不仅会因诚实和保持本色而受到大家的喜爱，你自身也会受到莫大的欢欣和鼓舞。

信心篇：相信自己，钻石就在后花园

苏格拉底的助手：一定要相信自己

风烛残年之际，苏格拉底知道自己时日不多了，就想考验和点化一下他的那位平时看来很不错的助手。他把助手叫到床前说："我需要一位最优秀的传承者，他不但要有相当的智慧，还必须有充分的信心和非凡的勇气……这样的人选直到目前我还未见到，你帮我寻找和发掘一位好吗？"

"好的，好的。"这位助手很认真、很坚定地说："我一定竭尽全力地去寻找，不辜负您的栽培和信任。"

于是这位忠诚的助手就开始想尽一切办法为自己的老师寻找继承人。然而他领来一位又一位人选，总被苏格拉底婉言谢绝了。有一次，病入膏肓的苏格拉底硬撑着坐起来，抚着那位助手的肩膀说："真是辛苦你了，不过，你找来的那些人，其实还不如你……"

半年之后，苏格拉底眼看就要告别人世，最优秀的人选还是没有眉目。助手非常惭愧，泪流满面地坐在病床边，语气沉重地说："我真对不起您，令您失望了！"

"失望的是我，对不起的却是你自己，"苏格拉底说到这里，很失望地闭上眼睛，停顿了许久，又哀怨地说："本来，最优秀的人就是你自己，只是你不敢相信自己，才把自己给忽略、给耽误、给丢失了……其实，每个人都是最优秀的，差别就在于如何认识自己、如何发掘和重用自己……"话没说完，一代哲人就永远离开了这个世界。

涓涓心语

你可以仰慕别人，但是绝对不能忽略了自己。你可以相信别人，但首先最应该相信的人就是你自己。如果你不甘平庸，要做最好的自己，就要摆脱自卑和自我怀疑的心理，牢记苏格拉底所说的这句至理名言：最优秀的人就是你自己。

寻找钻石的阿尔伯特：不要忽视自己的优势

在网上有一个广为流传的故事，对于我们正确认识自己，树立自信很有帮助。

有一天，一位老者拜访一位名叫阿尔伯特的农场主，并对他说道："你若得到拇指大的钻石，就能买下附近全部的土地；倘若能发现钻石矿，还能够让你的儿子坐上王位。"钻石的价值深深地印在了这位农场主的心里，他向老者请教在哪里能够找到钻石。老者告诉他："你去很高很高的山里寻找淌着白沙的河，若能找到这条河，白沙里一定埋着钻石。"于是，阿尔伯特变卖了自己所有的地产，让家人寄宿在街坊家里，自己出去寻找钻石。但他走啊走，始终没有找到宝藏。他终于失望了，在陆地尽头的大海边投海死了。

可是，故事并没有结束。

一天，买了阿尔伯特房子的人，把骆驼牵到后院的一条小河边让骆驼喝水。当骆驼把鼻子凑到河里时，那人忽然看见沙中有块发着奇光的东西，他便从那里挖出了一块闪闪发光的石头，将它带回家，放在炉架上。过了些时候，那位老者又来拜访这户人家，他一进门就发现了那块闪光的石头，不由得奔上前。他惊奇地嚷道："阿尔伯特回来了！""阿尔伯特还没有回来。这块石头是在后院小河里发现的。"新房主答道。"你在骗我。"老者不相信，"我走进这房间，就知道这里有奇迹。别看我有些唠唠叨叨，但我还是认得出这是块真正的钻石。"

两人跑出房间，在那条小河边挖掘起来，很快就挖出一块更光亮的石头，而且以后又从这块土地上挖掘出了许多闪光的石头，包括给维多利亚女王的那块有名的钻石也是出自那里。

人生的宝藏不在别处，就在我们自己身上，你的某一项特长，某一

个爱好都可以成为你实现梦想的工具。如果你一味地把羡慕的眼光放在别人身上，不知道发挥自己的优势和特长，那么你永远也无法实现自己的价值，当然，你也不会对自己满意。

跪着的和尚：信心可以创造奇迹

在一座寺院中，一位和尚跪在一尊高大的佛像前，一边敲着木鱼，一边读着经文。然而长期的修炼并未使他成佛，他为此而苦闷、彷徨，渴望有人能够指点迷津。正好，一位闻名四海的智者路过此地，来到这座寺院。

"尊敬的智者，今日有缘相见，真是前世造化！"和尚还没站起来身，就十分急切地开口请教，"今有一事求教，请指点迷津：伟人何以成其为伟人？比如说，我们面前的这位佛祖……"

"伟人之所以伟大，是因为我们一直跪着……"智者从容地讲开了，声如洪钟，萦绕殿堂。

"是因为……跪着？"和尚怯生生地瞥了一眼佛像，又欣喜地望着智者，"这么说，我该站起来？"

"是的！"智者向他打了一个起立的手势，"站起来吧，你也可以成为伟人！"

"什么？你说什么？我也可以成为伟人？你……你……你这是对神灵、伟人的亵渎。"说着，和尚双手合十，连声念"阿弥陀佛"。

"与其执着拜倒，不如大胆超越。"智者像是讲给和尚听，又像是自言自语，然后头也不回地走了。

涓涓心语

伟人和凡人都是一样的，因为构成伟大生命的每一种元素也同样属于你我。所不同的是，伟人与生俱来就有一种使命感和自信，正是这种信念上的差别造成了伟人与凡人的差异。认识到这一点,你就可以走出自卑心理的阴影,重拾生命的骄傲与自信。

"铁娘子"的精神:力争上游

20世纪30年代,在英国一座普通的小城里,有一个叫玛格丽特的姑娘,从小就在父亲严格的管教下成长。父亲经常向她灌输这样的观点:无论做什么事情都要力争一流,永远做在别人前头,而不能落后于人。"即使是坐公共汽车,你也要永远坐在前排。"父亲从来不允许她说"我不能"或者"太难了"之类的话。

父亲这种近乎残酷的教育理念,培养出了玛格丽特积极向上的决心和信心。在以后的学习、生活或工作中,她时时牢记父亲的教导,总是抱着一往无前的精神和必胜的信念,尽自己最大努力克服一切困难,做好每一件事情,事事必争一流,以自己的行动实践着"永远坐在前排"的誓言。

玛格丽特上大学时,学校要求学五年的拉丁文课程。她凭着自己顽强的毅力和拼搏精神,仅在一年之内便修完了五年的拉丁文课程。令人难以置信的是,她的考试成绩竟然名列前茅。玛格丽特不光在学业上出类拔萃,她的体育、音乐、演讲也都出类拔萃。当年她所在学校的校长评价她说:"她无疑是我们建校以来最优秀的学生,她总是雄心勃勃,每件事情都做得很出色。"

正是在这种"永远都要坐在前排"精神的激发下,40多年以后,玛格丽特成为英国乃至整个欧洲政坛上的一颗耀眼的明星。她就是连续四年当选保守党领袖,并于1979年成为英国第一位女首相,雄踞政坛长达11年之久,被世界政坛誉为"铁娘子"的玛格丽特·撒切尔夫人。

涓涓心语

一位哲人曾经说过,态度决定高度。"永远都要坐在前排"是一种积

极、自信的人生态度，它可以激发你积极进取的精神，促使你努力把梦想变成现实。

奥里森看手相：信念成就理想

美国纽约州第一位黑人州长罗尔斯从小并不怎么受老师欢迎，跟那里很多孩子一样有着诸多不良习惯：总是口出秽语，还喜欢逃课打架……刚上任的教师奥里森煞费苦心地劝说这些孩子，却像对牛弹琴一样，一点儿效果也没有。

奥里森实在不甘心看到这些孩子再这样发展下去，便想出了一个绝妙的方法。他知道这里的人们非常迷信，于是就在课堂上给孩子们看起了手相。起初孩子们都不太高兴，后来由于看到奥里森对大家手相的推测，一个个将来不是地位显赫就是财大气粗，因此孩子们也都乐意接受起来。

罗尔斯看到同伴们的命运都如此之好，按捺不住自己，最终也走上台去，让老师帮自己也看一看。奥里森煞有介事地把这只黑乎乎的小手看了又看，"研究"了好半天，然后认真地说道："你以后一定会是纽约州的州长。"

"这是真的吗？我会是一名州长？"罗尔斯有点不敢相信自己的耳朵。他疑惑地望着老师，但从此却在心里暗暗确立了当州长的信念。

从那以后，罗尔斯改掉了自己身上的种种恶习，在他看来一个真正的州长就应该是这样的。一直以来，他心中当州长的念头丝毫没有动摇，他始终朝着自己的目标奋斗着。51岁那年，罗尔斯登上了纽约州第53任州长的宝座。他是有史以来，纽约当选的第一位黑人州长。

涓涓心语

信念可以创造奇迹，信念能够唤起一个人的自信。无论是谁，只要把自己的信念牢牢地根植于心，就能够克服重重困难，实现自己的理想。

拿破仑的孙子：榜样的力量是无穷的

一天晚上，一位名叫杰克的青年站在一条河边，一脸忧郁。

这天是他30岁生日，可他不知道自己是否还有活下去的必要。因为杰克从小在福利院里长大，身材矮小，长相也不漂亮，讲话又带着浓厚的法国乡下口音，所以他一直很瞧不起自己，认为自己是一个既丑又笨的乡巴佬，连最普通的工作都不敢去应聘，没有工作，也没有家。

就在杰克徘徊于生死之间的时候，与他一起在福利院长大的好朋友汤姆兴冲冲地跑过来对他说："杰克，告诉你一个好消息！"

"好消息从来就不属于我。"杰克一脸悲戚。

"不，我刚刚从收音机里听到一则消息。拿破仑曾经丢失了一个孙子。播音员描述的相貌特征，与你丝毫不差！"

"真的吗，我竟然是拿破仑的孙子？"杰克一下子精神大振。联想到爷爷曾经以矮小的身材指挥着千军万马，用带着泥土芳香的法语发出威严的命令，他顿感自己矮小的身材同样充满力量，讲话时的法国口音也带着几分高贵和威严。

第二天一大早，杰克满怀信心地来到一家大公司应聘。

20年后，已成为这家大公司总裁的杰克，查证出自己并非拿破仑的孙子，但这早已不重要了。

涓涓心语

榜样的力量是无穷的。朋友的一句话，帮杰克找回了自信，从而改变了他一生的轨迹。当你觉得自卑和沮丧的时候，不妨为自己找一个伟人做榜样。这样可以帮你走出自卑的阴影，重新找回自信和勇气。

林肯的演讲：肯定自己的价值

被称为美国历史上最伟大的总统之一的亚伯拉罕·林肯出身于一个鞋匠家庭，而当时的美国社会非常看重门第。林肯竞选总统前夕，在参议院演说时，遭到了一个参议员的羞辱。那位参议员说："林肯先生，在你开始演讲之前，我希望你记住你是一个鞋匠的儿子。"

"我非常感谢你使我想起我的父亲，他已经过世了，我一定会永远记住你的忠告，我知道我做总统无法像我父亲做鞋匠做得那么好。"

参议院陷入一阵沉默里，林肯转头对那个傲慢的参议员说："就我所知，我的父亲以前也为你的家人做过鞋子，如果你的鞋子不合脚，我可以帮你改正它。虽然我不是伟大的鞋匠，但我从小就跟随父亲学到了做鞋子的技术。"

然后，他又对所有的参议员说："参议院的任何人都一样，如果你们穿的那双鞋是我父亲做的，而它们需要修理或改善，我一定尽可能帮忙。但是有一件事是可以肯定的，我无法像他那么伟大，他的手艺是无人能比的。"说到这里，林肯流下了眼泪，所有的嘲笑都化成了真诚的掌声。后来，林肯如愿以偿地当上了美国总统。

涓涓心语

一个人要认识自己，充分肯定自己的价值，只有这样才能充分发挥自己的潜能，有所作为。我们虽然无法选择自己的命运，但可以像林肯那样，正视自己的价值，不理会别人的诋毁和嘲讽，勇敢地去做自己。

那些贫穷的名人：信心带来成功

乔伊是一名出色的新闻记者，曾经获得过著名的普利策新闻奖。然而正是这样一位勤奋且富有才华的人，也曾因为自己是黑人而强烈地自卑过。乔伊在回忆自己童年经历时说："我们家很穷，父母都靠卖苦力谋生。那时，我父亲是一名水手，他每年都要往返于大西洋各个港口之间。我一直认为，像我们这样地位卑微的黑人是不可能有什么出息的，也许一生都会像父亲所工作的船只一样，漂泊不定。"

侨伊10岁那年，父亲带他去参观梵·高的故居。在那张著名的吱嘎作响的小木床和那双龟裂的皮鞋面前，乔伊好奇地问父亲："梵·高不是世界上最著名的大画家吗？他难道不是百万富翁？"父亲回答他说："梵·高的确是世界著名的画家，同时，他也是一个和我们一样的穷人，而且是一个连妻子都娶不上的穷人。"

又过了一年，父亲带着乔伊去了丹麦，在童话大师安徒生狭小简陋的故居里，乔伊又困惑地问父亲："安徒生不是生活在皇宫里吗？可是，这里的房子却这样破旧。"父亲答道："安徒生是个砖匠的儿子，他生前就住在这栋残破的阁楼里。皇宫只在他的童话里才会出现。"

从此，乔伊的人生观完全改变。他不再自卑，不再以为只有那些有钱有地位的人才会出人头地。他说："我庆幸有位好父亲，他让我认识了凡·高和安徒生，而这两位伟大的艺术家又告诉我，人能否成功与贫富毫无关系。"

涓涓心语

一个人的成就与他的出身和贫富并没有太大关系，成功并不是天才和伟人的专利，只要我们能够树立起对自己的信心，就可以和伟人一样取得瞩目的成就。

杀死怪兽的懦夫：每个人都可以创造奇迹

有一则寓言，说的是一个懦夫想摆脱自己软弱的个性，让自己变得勇敢起来，就报名参加了"杀兽"学校。这所学校专门培养人的能力和胆量，使人敢于拿起剑去杀死吞食少女的怪兽。校长是有名的魔术师莫里。莫里对懦夫说："你不必担心，我给你一支魔剑，此剑魔力无边，可以对付各种凶恶的怪兽。"培训中这位懦夫使用魔剑杀死了很多条模拟的怪兽。结业考试时，他将面对真的吞食少女的怪兽了。不料冲到山洞口，怪兽伸出头露出狰狞面目时，他抽出剑，却发现拿错了剑，魔剑丢在了学校，手中的剑只是平日玩用的。这时后退已不可能，一旦那样，就会被怪兽吞食。他用他受过训练的手臂挥动那只普通的剑，居然杀死了怪兽。莫里校长会心地笑了，他说："我想你现在已经知道了没有一支剑是魔剑，唯一的魔力在于相信你自己。"

涓涓心语

每个人都有创造奇迹的魔力，只要你相信你自己，真正的魔剑就在你的内心。生活中，我们难免会有畏难和退缩的时候，在巨大的困难和压力之下，我们常常会背上沉重的心理包袱，甚至会因此而丧失自信，这个时候你就要勇敢地站出来、直面困难，困难自然就会消退。

流浪者的转变：每个人内心都有巨大的力量

有一天，著名的成功学专家安东尼·罗宾在自己的办公室里接待了一个走投无路、风尘仆仆的流浪者。

那人进门打招呼说:"我来这儿,是想见见这本书的作者。"说着,他从口袋中拿出一本名为《自信心》的书,那是安东尼许多年前写的。

安东尼微笑着示意流浪者坐下。流浪者激动地说:"一定是命运之神在昨天下午把这本书放入我的口袋中的,因为我当时决定跳到密西根湖里,了此残生。我已经看破一切,认为一切已经绝望,所有的人(包括上帝在内)已经抛弃了我。但还好,我看到了这本书,使我产生新的看法,为我带来了勇气及希望,并支持我度过昨天晚上。我已下定决心,只要我能见到这本书的作者,他一定能帮助我再度站起来。现在,我来了,我想知道你能替我这样的人做些什么。"

在他说话的时候,安东尼从头到脚打量流浪者,发现他茫然的眼神、沮丧的皱纹、十来天未刮的胡须以及紧张的神态,完全向安东尼显示,他已经无可救药了。但安东尼不忍心对他这样说。

听完流浪者的故事,安东尼想了想,说:"虽然我没有办法帮助你,但如果你愿意的话,我可以介绍你去见本大楼的一个人,他可以帮助你东山再起,重新赢回原本属于你的一切。"安东尼刚说完,流浪者立刻跳了起来,抓住他的手,说道:"看在上帝的分上,请带我去见这个人。"

他会为了"上帝"而做此要求,显示他心中仍然存在着一丝希望。所以,安东尼拉着他的手,引导他来到从事个性分析的心理试验室里,和他一起站在一块看来像是挂在门口的窗帘布之前。安东尼把窗帘布拉开,露出一面高大的镜子,他可以从镜子里看到他的全身。安东尼指着镜子说:"就是这个人。在这世界上,只有一个人能够使你东山再起,除非你坐下来,彻底认识这个人——当作你从前并未认识他,否则,你只能跳密西根湖了,因为在你对这个人做充分认识之前,对于你自己或这个世界来说,你都将是一个没有任何价值的废物。"

他朝着镜子走了几步,用手摸摸他长满胡须的脸孔,对着镜子里的人从头到脚打量了几分钟,然后后退几步,低下头,开始哭泣起来。过了一会儿,安东尼领他走出电梯间,送他离去。

几天后,安东尼在街上碰到了这个人,而他不再是一个流浪汉形象,他西装革履,步伐轻快有力,头抬得高高的,原来那种衰老、不安、紧张的姿态已经消失不见。他说,他感谢安东尼先生,让他找回了自己,且很快找到了工作。

后来,那个人真的东山再起,成为芝加哥的富翁。

涓涓心语

很多人缺乏自信,是因为没有从内心真正认识自己,没有看到自己身上所蕴含的力量。正如一位著名励志大师所说的那样,你本是条龙。相信自己,充分激发出内心的力量,你就可以创造奇迹。

高僧的茶道:能力是自信的基础

一个受尽打击,对生活几乎丧失了信心的年轻人风尘仆仆地来到一座寺院,来拜见一位得道的高僧,向他请教解脱之道。

这位高僧静静听着年轻人的叹息和絮叨,末了才吩咐小和尚说:"施主远道而来,烧一壶温水送过来。"

不一会儿,小和尚送来了一壶温水,高僧抓了茶叶放进杯子,然后用温水沏了,放在茶几上,微笑着请年轻人喝茶。杯子冒出微微的水汽,茶叶静静地浮着。年轻人不解地询问:"温水怎么沏茶?"

高僧笑而不言。年轻人喝一口细品,不由摇摇头:"一点茶香都没有呢。"

高僧说:"这可是地道的龙井啊。"

年轻人又端起杯子品尝,然后肯定地说:"真的没有一丝茶香。"

高僧又吩咐小和尚:"再去烧一壶沸水送过来。"

又过了一会儿,小和尚便提着一壶冒着浓浓白汽的沸水进来。高僧起身,又取过一个杯子,放茶叶,倒沸水,再放在茶几上。年轻人俯首看去,茶叶在杯子里上下沉浮,丝丝清香不绝如缕,望而生津。

年轻人欲去端杯，高僧作势挡开，又提起水壶注入一线沸水。茶叶翻腾得更厉害了，一缕更醇厚更醉人的茶香袅袅升腾，在禅房弥漫开来。高僧这样注了五次水，杯子终于满了，那绿绿的一杯茶水，端在手上清香扑鼻，入口沁人心脾。

高僧笑着问："施主可知道，同是铁观音，为什么茶味迥异吗？"

年轻人思忖着说："一杯用温水，一杯用沸水，冲沏的水不同。"

高僧点头："用水不同，则茶叶的沉浮就不一样。温水沏茶，茶叶轻浮水上，怎会散发清香？沸水沏茶，反复几次，茶叶沉沉浮浮，释放出四季的风韵：既有春的幽静和夏的炽热，又有秋的丰盈和冬的清冽。世间芸芸众生，也和沏茶是同一个道理，也就相当于沏茶的水温度不够，想要沏出散发诱人香味的茶水是不可能的。你自己的能力不足，要想处处得力、事事顺心自然很难。要想摆脱失意，最有效的方法就是苦练内功，提高自己的能力。"

年轻人茅塞顿开，回去后刻苦学习，虚心向人求教，不久就在自己的公司里脱颖而出。

涓涓心语

自信是对自身能力的一种合理肯定，它建立在一定能力的基础之上。当你在生活中屡屡碰壁，不断遭受挫折时，不妨反观一下自身，看看自己的功夫是不是还不到家，如果自己的能力还有待提高，就不妨静下心来，刻苦自修，相信不久后，你就会从内心树立起对自己的自信来。

沙子与珍珠：努力提高自身的素质

一个女孩自视甚高，以为自己无所不能。然而毕业后却屡次碰壁，一直找不到理想的工作。她觉得自己怀才不遇，对社会非常失望。她觉得，是因为没有伯乐来赏识她这匹"千里马"。

痛苦绝望之下，她来到大海边，打算就此结束自己的生命。

在她正要自杀的时候，正好有一个老妇人从这里走过，救了她。老妇人就问她为什么要走绝路，她说自己不能得到别人和社会的承认，没有人欣赏并且重用她……

老妇人从脚下的沙滩上捡起一粒沙子，让女郎看了看，然后就随便地扔在地上，对女郎说："请你把我刚才扔在地上的那粒沙子捡起来。"

"这根本不可能！"女郎说。

老妇人没有说话，接着又从自己口袋里掏出一颗晶莹剔透的珍珠，也随便扔在了地上，然后对女郎说："你能不能把这个珍珠捡起来呢？"

"这当然可以。"

"那你就应该明白是为什么了吧？你应该知道，现在你自己还不是一颗珍珠，所以你还不能苛求别人立即承认你，如果要别人承认，那你就要由一粒沙子变成一颗珍珠才行。"

涓涓心语

怀才不遇是很多年轻人经常会遇到的问题，很多人甚至会因此而变得愤世嫉俗，自暴自弃。这个时候你不妨静下心来，努力提高自身的素质，让自己变成一颗珍珠，这样，你自然就会成为大家瞩目的焦点。

买氢气球的黑人小孩：成败取决于有无自信

著名的心理学家基恩博士经常对自己的学生讲起他幼年时期经历的一件感动心灵的小事：

一天，几个白人小孩正在公园里玩，这时，一位卖氢气球的老人推着货车进了公园。白人小孩一窝蜂地跑了过去，每人买了一个，兴高采烈地追逐着放飞在天空中的色彩艳丽的氢气球。在公园的一个角落躺着一个黑人小孩，他羡慕地看着白人小孩嬉戏，不敢过去和他们一起玩，因为他很自卑。白人小孩的身影消失后，他才怯生生地走到老人的货车旁，用略带恳求的语气问道："您可以卖一个气球给我吗？"老人用慈祥的目光打量了他一下，温和地说："当然可以，你要一个什么颜色的？"小孩鼓起勇气回答："我要一个黑色的。"脸上写满沧桑的老人惊诧地看了看黑人小孩，旋即给了他一个黑色的氢气球。

黑人小孩开心地拿过气球，小手一松，黑色气球在微风中冉冉升起，在蓝天白云的映衬下形成了一道别样的风景。

老人一边眯着眼睛看气球上升，一边用手轻轻地拍了拍黑人小孩的后脑勺，说："记住，气球能不能升起，不是因为它的颜色、形状，而在于气球内是不是充满氢气。我们每个人都和这氢气球一样，只要心中有梦想，有自信，就可以飞起来。"

那个黑小孩便是基恩博士自己。

涓涓心语

自信可以带给你勇气，帮你克服自卑和恐惧。一个人的成败不是取决于你的种族和出身，而是取决于你的内心有没有自信。

刷瓶子的比赛：从点滴生活中培养自信

> 每个人都应当有这样的信心，别人能做好的事情，我也能够做好。
> ——林肯

周明是"微软亚洲研究院"的主任研究员，是计算机自然语言领域中公认的最为优秀的科学家之一。他一生取得了骄人的成就，拥有数项重大发明，并多次在国内、外获奖。然而，他的成功来源于他10岁时经历的一件事。那时的他是一位非常自卑的小男孩，家境的贫穷使他觉得自己处处低人一等。

在学校里，周明总是低着头走路，碰到不三不四的学生，他便慌忙

躲开。尽管如此,他仍然常常无缘无故地成为别人的出气筒,可怜的他,连还手的勇气也没有。受尽欺负的小男孩常在心里问自己:"我什么时候才能比别人强一点呢?"

一天,老师带着全班同学来到一家生产水果罐头的工厂。孩子们的任务是刷洗那些收回来的空罐头瓶子。为了激励大家,老师宣布开展比赛,看谁刷洗的瓶子最多。

周明听到老师的号召,心里一阵激动,他从来没有得到过"第一",那一刻他下定决心,一定要得到它。

当他刷了几个瓶子以后,很快就掌握了刷瓶程序,一整天刷个不停,一双小手被水泡得泛起一层白皮。最后,宣布结果时,他是所有孩子当中刷得最多的——108个。他高兴坏了,那种成功之后极度快乐的感觉从此改变了他。

也就是从那一天起,周明的生活焕然一新。得了"第一"的他一下子明白了,无论什么事情,只要他肯干,就一定可以干好。他开始拼命地去做自己想做的事情,他坚信,只要坚忍不拔地努力下去,就一定能够得到自己想要的东西。

涓涓心语

周明的故事告诉我们,你能够做好一件事情,你就能够做好每一件事情,日常生活中的每一件点滴小事,都可以培养出我们的自信。

小男孩卖石头:重视自己

有一个小男孩在孤儿院长大,他常常为自己的出身而自卑。有一次他悲观地问院长:"像我这样没有人要的孩子,活着究竟有什么意思呢?"院长笑眯眯地对他说:"孩子,别灰心,谁说没有人要你呢?"

有一天,院长亲手交给男孩一块普通的石头,说道:"明天早上,你

拿着这块石头到市场去卖,但不是真卖。记住,无论别人出多少钱,绝对不能卖。"

男孩一脸迷惑地接下了这块石头。

第二天,他忐忑不安地蹲在市场的一个角落里叫卖石头。出人意料地,竟然有许多人要向他买那块石头,而且一个比一个价钱出得高。男孩记着院长的话,没有卖掉。回到院内,他兴奋地向院长报告,院长笑笑,要他明天拿着这块石头到黄金市场去叫卖。在黄金市场,竟然有人出比昨天高出十倍的价钱要买那块石头,男孩拒绝了。

最后,院长叫男孩把那块普通的石头拿到宝石市场上去展示。结果,石头的身价比昨天又涨了十倍。由于男孩怎么都不卖,这块石头被人传扬成"稀世珍宝",参观者纷至沓来。

男孩兴冲冲地捧着石头回到孤儿院,他眉开眼笑地将一切情景禀报给院长。院长亲切地望着男孩,说道:"生命的价值就像这块石头一样,在不同的环境下会有不同的意义。一块不起眼的石头,会因你的惜售而提升它的价值,而被说成是稀世珍宝。你不就像这块石头一样吗?只要自己看重自己,自我珍惜,生命就有意义、有价值。"

滑滑心语

一个人只有珍惜和看重自己,生命才会有意义、有价值。每个人的生命就像故事中的石头一样,只有你先珍视和看重自己,别人才会看重你。

酒杯与生活:发现自己的价值

阿良是一个啤酒厂的工人,有着一份稳定的工作,然而他总是觉得自己一无所长,感到自己比别人差。他总是抱怨上帝不公平,不能够赐予他像其他人一样的天赋。在一个晚上,他又坐在经常去的酒吧发牢骚,

信心篇：相信自己，钻石就在后花园

一个人拿着两只大小不同的酒杯坐到了阿良的身边，并且将两个酒杯都倒上了酒，问："你能告诉我这两个酒杯有什么区别吗？"

"一个大一个小！"阿良看了一眼说道。

"不过，在我的眼里这两只酒杯一点区别都没有。它们都是用来盛酒的。"那个人看了一眼阿良继续说道，"我已经观察你很长一段时间，我真的不知道你有什么值得抱怨的。其实，在这个世界上人与人之间存在着差别，就像是这两个酒杯一样有大有小。但是，不管怎么样它们不能够改变的都是要被装上酒才能够体现它的价值和用处。人活在世上也是一样，不管老天爷给予我们什么样的聪明和财富，但是，只有我们努力地活着，才能够体会得出人生的意义所在。"

阿良似懂非懂地望着这个突然走过来的人。

"其实，你也用不着抱怨的，上帝偏爱于这个世界上每一个人，难道你没有发现自己在这个世界上是多么的重要吗？譬如，你是你孩子唯一的父亲，你给了他生命，甚至一切。你作为一个丈夫，在你的家庭之中起到的又是怎样的作用啊！如果没有你，我想你的妻子是很难一个人将这个家支撑下去。对于你年迈的父母来说，你便是他们全部的寄托和希望啊！你所做的每一件事情，他们都在密切地关注，你成功的时候，他们感到自豪，当你失败的时候，他们也同样为你难过……你看看，你在他们的心目之中的位置是多么的重要啊！"那个人语重心长地对阿良说道，"我想你在他们心目之中的位置是别人永远无法替代的。难道不是这样吗？我真的不知道你还有什么好埋怨的。"

听完这番话，阿良感激地对那个好心的陌生人点了点头，怀着一种重生的心情走出了酒吧，从此，阿良再也没有为自己抱怨过。

涓涓心语

每个人在别人心目中都是很重要的。不要因为自己一无所长就自怨自艾，要看重自己的价值，因为你在别人心目中是无可替代的。

"你的名字写得很好"：每个人都有自己的优点

法国著名作家大仲马在成名之前，是一个生活潦倒、无所事事的青年。有一次，他跑到巴黎去拜访他父亲的一位朋友，请他帮忙找个工作。

他父亲的朋友问他："你能做什么？"

"没有什么了不得的本事，老伯。"

"数学精通吗？"

"不行。"

"你懂物理吗？或者历史？"

"什么都不知道，老伯。"

"会计呢？法律如何？"

大仲马羞愧地低下了头，第一次知道自己太差劲了，便说："我真惭愧，现在我一定要努力补救我的这些不足。我相信不久之后，我一定会给老伯一个满意的答复。"

他父亲的朋友对他说："可是，你要生活啊！将你的住处留在这张纸上吧。"大仲马无可奈何地写下了他的住址。他父亲的朋友笑着说："你终究有一样长处，你的名字写得很好呀！"

你看，大仲马在成名前，也曾有过认为自己一无是处的时候。然而，他父亲的朋友，却发现了他的一个看似并不是什么优点的优点——把名字写得很好。

滑滑心语

生活中，特别是不自信的人，往往会把优秀的标准定得太高，而对自身的优点却视而不见。事实上，每个人都不是一无是处的，每个人身上都有独特的天赋，如果你能够正视自己的价值，发现自己的优势，你就能够在自信中充分挖掘出自身的潜能。

配音天才李扬：挖掘潜力，消除自卑

　　李扬是一位著名的配音演员，广受大家喜爱的卡通形象唐老鸭就是他配的音。李扬在初中毕业后参了军，在部队当一名工程兵，他的工作内容是挖土，打坑道，运灰浆，建房屋。可是李扬明白，自己身上潜在的宝藏还没有开发出来：那就是自己一直喜爱的影视艺术和文学艺术。

　　在一般人看来，这两种工作简直是风马牛不相及。但李扬却坚信自己在这方面有潜力，应该努力把它们发掘出来。于是他抓紧时间工作，认真读书看报，博览众多的名著剧本，并且尝试着自己搞些创作。退伍后李扬成了一名普通工人，但是他仍然坚持不懈地追求自己的理想。没过多久，大学恢复招生考试，李扬考上了北京工业大学机械系，变成了一名大学生。从此，他用来发掘自己身上宝藏的机会一下子多了起来。经几个朋友的介绍，李扬在短短的五年中参加了数部外国影片的译制录音工作。这个业余爱好者凭借着生动的、富有想象力的声音，参加了《西游记》中的美猴王的配音工作。1986年初，李杨迎来了自己事业中的辉煌时刻，风靡世界的动画片《米老鼠和唐老鸭》招聘汉语配音演员，风格独特的李扬一下子被迪斯尼公司相中，为可爱滑稽的唐老鸭配音，从此一举成名。李扬说，自己之所以成功，是因为一直没有停止过挖掘自己的长处。

涓涓心语

　　很多人之所以自卑就是因为没有找到自己的长处，没有挖掘出自身的潜力。每个人身上都有独特的特长和天分，只要能找出自己的特长，发挥自己的天分，你就能够为自己赢得自信。

矮个子巨星：相信自己，就能成功

美国 NBA 联赛中有一个夏洛特黄蜂队，黄蜂队有一位身高仅 1.60 米的运动员，他就是蒂尼·伯格斯——NBA 最矮的球星。伯格斯这么矮，怎么能在巨人如林的篮球场上竞技，并且跻身大名鼎鼎的 NBA 球星之列呢？这是因为伯格斯的自信。

伯格斯自幼十分喜爱篮球，但由于身材矮小，伙伴们瞧不起他。有一天，他很伤心地问妈妈："妈妈，我还能长高吗？"妈妈鼓励他："孩子，你能长高，长得很高很高，会成为人人都知道的大球星。"从此，长高的梦像天上的云在他心里飘动着，每时每刻都闪烁着希望的火花。

"业余球星"的生活即将结束了，伯格斯面临着更严峻的考验——1.60 米的身高能打好职业赛吗？

伯格斯横下心来，决定要凭自己 1.60 米的身高在高手如云的 NBA 赛场中闯出自己的一片天地。"别人说我矮，反倒成了我的动力，我偏要证明矮个子也能做大事情。"在威克·福莱斯特大学和华盛顿子弹队的赛场上，人们看到蒂尼·伯格斯简直就是个"地滚虎"，从下方来的球百分之九十都被他收走……

后来，凭借精彩出众的表现，蒂尼·伯格斯加入了实力强大的夏洛特黄蜂队，在他的一份技术分析表上写着：投篮命中率 50%，罚球命中率 90%……

一份杂志专门为他撰文，说他个人技术好，发挥了矮个子重心低的特长，成为一名使对手害怕的断球能手。"夏洛特黄蜂队的成功在于伯格斯的矮"，不知是谁喊出了这样的口号。许多人都赞同这一说法，许多广告商也推出了"矮球星"的照片，上面是伯格斯淳朴的微笑。

成为著名球星的伯格斯始终牢记着当年妈妈鼓励他的话，虽然他没有长得很高很高，但可以告慰妈妈的是，他已经成为人人都知道的大球星了。

信心篇：相信自己，钻石就在后花园

身高1.6米的伯格斯能够成为一名球艺出众的NBA明星，关键就在于他相信自己，并能够在此基础上充分发挥自己的"身高优势"，使自己成为夏洛特黄蜂队里的超级断球手。伯格斯的成功告诉我们这样一个道理：无论是谁，只要相信自己，就能成功。

成功的自卑者：能产生动力的自卑是一种自信

强在大学时曾经被公认是全班最胆小最怕事的人。大学毕业时大家挥手告别，许多人预言十年后相聚他不会有什么大作为，普通的人，普通的生活，庸庸碌碌的一生。

十年很快就过去了，全班的同学又重聚在一起。当年许多意气风发、指点江山的同学如今被生活改变成了一言不发的旁观者，许多才华横溢的同学也在繁忙和庸碌的生活中失去了当年的锐气，变得倦怠消极。强——那个被公认将是最失败者，还是和当年一样平凡得如一粒尘土，不出众，不显眼，也不高谈阔论。

聚会到了高潮，每人依次上台讲述自己的现状和理想，还有对目前生活的满意程度。大多数人目前的生活状况不如当年跨出校门时理想，对目前生活满意者几乎没有。

强上台后平静地说道："我目前拥有数家公司，总资产上亿元，远远超出当年走出校门时的理想。如果说还有什么遗憾的话，就是我认为离那些我所欣赏的成功者还很遥远。是的，无论是在学校还是走向社会，我一直很自卑，感觉每个人都有特长，都比我强。所以我要努力学习每一个人的特长，并且丢掉自己的缺点。但是我发现无论我如何努力也总是无法赶上所有的人，所以我就一直自卑下去。因为自卑，我把远大理想埋在心底，努力做好手头的每一件小事；因为自卑，我把所有伟大目标转化成向别人学习的一点点的进步。进步一点，有一点战胜自卑的理由，同时又会发现一个自卑的借口。这样，永远让自己处在自卑之中，我就获得了源源不断的前进动力。"

在一阵长时间的沉默之后，那些曾经骄傲自信现在却平庸的人忽然之间明白了自己之所以失败是因为过于自信。因为自信，他们看不到别人的优点，不肯向他人虚心请教；因为自信，他们总是把目光盯在高处，而不知道低下头来埋首苦干，这样自信就成了自负，成为他们前进路上的一种阻力。

涓涓心语

心理学家认为，每个人心中或多或少都会有一点自卑。自卑在一定程度上可以转化为前进的动力。许多伟人的成就都和自己早年的自卑经历有关，强的成功说明了这样一个道理，当一个人把自卑化成了谦虚，转化成了自己上进的动力时，自卑又何尝不是一种自信呢？

乐谱里的错误：用自信面对权威

小泽征尔是享誉世界的交响乐指挥家。

在一次世界优秀指挥家大赛的决赛中，他按照评委会给的乐谱指挥演奏，但是，在气势恢弘的音乐中，他那敏锐的耳朵却听见了不和谐的声音。起初，他以为是乐队演奏出了错误，就要求大家停下来重新演奏，但是同样的怪音还是发出了，尽管它是那么细微，不仔细听几乎听不出来。

小泽征尔又一次要求乐队停下来。这一次，他觉得应该是乐谱有问题，并向在场的评委会专家们提出了这个疑义。这么重要的比赛，对评委会专家提供的乐谱表示怀疑，这还是第一次。

面对专家的坚持，小泽征尔很慎重地又指挥乐队演奏了一次。这一回，他再次相信了自己的耳朵。面对一大批音乐大师和权威人士，他斩钉截铁地大声说:"不!一定是乐谱错了!"话音刚落,评委席上的评委们立即站起来,全体报以热烈的掌声,并祝贺他摘取了世界指挥家大赛的桂冠。

原来,这是评委们精心设计的一道试题,他们故意在乐谱中制造了一个小错误,以此来检验指挥家的音乐才能。自信勇敢的小泽征尔是不会迷信权威的,他只忠实于音乐本身。

小泽征尔的故事告诉我们,只有充分肯定自己,不畏权威的挑战,才能最终摘取胜利的桂冠!

涓涓心语

自信的人敢于坚持自己的主张,即使在权威和众人面前,也会坚信自我,而不会迷失自己。

哈代改革游泳姿势:坚信自己不盲从

哈代是一个发明家,但他周围的朋友和同事都认为他是一个满脑子怪念头的"傻瓜"。当他发现电影发明的原理之后,便从电影胶卷的转盘中产生了灵感:他让胶卷上的画面一次只向前移动一格,以便老师能够有充足的时间详细阐述画面里的内容。

这个想法让哈代受到不少嘲笑,但是他没有因此退缩,经过反复试验之后,哈代终于成功地实现了让画面与声音同步进行的目标,创造了"视听训练法"。

另外,作为一名游泳运动员,哈代曾经两度入选美国奥运会游泳代表队,也曾经连续三届获得"密西西比河十英里马拉松赛"的冠军。哈代在游泳的时候,觉得大家在比赛时使用的游泳姿势不好,决心加以改变。

但是,当他把想法告诉教练时,教练认为他的想法太过荒唐,立刻加以拒绝。一位游戏冠军也告诫他不要冒险尝试,以免不小心在水里淹死。

当然，哈代还是没有理会他们的告诫，仍然不断地挑战传统游泳的姿势，最后终于发明了自由式，现在成为国际游泳比赛的标准姿势之一。

涓涓心语

不要怕被称为傻瓜，有时候，真理只站在少数人这边。要相信自己内心的想法，努力去实现它，而不是盲目听从他人的意见。

性格篇：塑造性格，成就美好人生

年轻人的烦恼：跳出自我的局限

有一个年轻人四处奔走，希望能够早日找到解决烦恼的秘诀。

有一天，他来到一个山脚下。只见一片绿草丛中，一位牧童骑在牛背上，吹着横笛，笛声悠扬，逍遥自在。

年轻人走上前去询问："你看起来很快活，能教给我解脱烦恼的方法吗？"

牧童说："骑在牛背上，笛子一吹，什么烦恼也没有了。"

年轻人试了试，不灵。

于是，他又继续寻找。

年轻人来到一条河边。看见一位老渔翁坐在柳阴下，手持一根钓竿，正在垂钓。他神情怡然，自得其乐。年轻人走上前去鞠了一个躬："请问老翁，您能赐我解脱烦恼的办法吗？"

渔翁看了他一眼，平静地说道："来吧，孩子，跟我一起钓鱼，保管你没有烦恼。"

年轻人试了试，还是不灵。

于是，他又继续寻找。

不久，他来到一个山洞里，看见洞内有一个老人独坐在洞中，面带满足的微笑。

年轻人深深鞠了一个躬，向老人说明来意。

老人微笑着摸摸长髯，问道："这么说你是来寻求解脱的？"

年轻人说："对对对！恳请前辈不吝赐教。"

老人笑着问："有谁捆住你了吗？"

"没有……"

"既然没人捆住你，又谈何解脱呢？"

涓涓心语

世上本无事，庸人自扰之。生活中有很多的烦恼都是我们自找的，困扰我们心灵和行动的不是别人，正是我们自己，想要寻找快乐和解脱，就要跳出自我的局限。

打开心里的"牢笼"：不要无谓地担心生病

有一位年轻人，一天觉得自己好像生病了，就去图书馆借了本医学手册，要看看该怎样治自己的病。当他读完介绍癌症的内容时，方才明白，自己患癌症已经几个月了。他被吓住了，呆痴痴地坐了好几分钟。

后来，他想知道自己还患有什么病，就依次读完了整本医学手册。这下可明白了，除了膝盖积水症外，自己一身什么病都有！

他去图书馆时，觉得自己是个幸福的人，而当他走出图书馆时，却被自己营造的"心理牢笼"所监禁，完全变成了一个全身都有病的老头。

他决心去找医生，一见到医生，他就说："亲爱的朋友！我不给你讲我有哪些病，只说一下没有什么病。我的命不会长了！我只是没有害膝盖积水症。"

医生给他做了诊断，坐在桌边，在纸上写了些什么就递给了他。他顾不上看处方，就塞进口袋，立刻去买药。赶到药店，他匆匆把处方递给药剂师，药剂师看了一眼，就退给他说："这是药店，不是食品店，也不是饭店。"

他很惊奇地望了药剂师一眼，拿回处方一看，原来上面写的是：

煎牛排一份，啤酒一瓶，6小时一次。

10英里路程，每天早上一次。

他照做了，一直健康地活到今天。

这位年轻人幸亏治疗及时，否则一定会被自己营造的"心理牢笼"所囚禁，最后非真得病不可。

涓涓心语

有一些人总是担心自己的身体会出毛病,时间长了,就会成为一种心理疾病。为了避免对健康无谓的担心,可以定期到医院做全面的健康检查,一经证实自己健康无病,就不要再多管它。

集中营里的弗兰克:追求内心的自由

弗兰克是一位犹太裔心理学家,第二次世界大战期间,他被关押在纳粹集中营里受尽了折磨。父母、妻子和兄弟都死于纳粹之手,唯一的亲人是他的一个妹妹。当时,他本人常常遭受严刑拷打,随时面临着死亡的危险。

有一天,他在赤身独处囚室时,忽然悟出了一个道理:就客观环境而言,我受制于人,没有任何自由;可是,我的自我意识是独立的,我可以自由地决定外界刺激对自己的影响程度。

弗兰克发现,在外界刺激和自己的反应之间,他完全有选择如何做出反应的自由与能力。

于是,他靠着各种各样的记忆、想象与期盼不断地充实自己的生活和心灵。他学会了心理调控,不断磨炼自己的意志。他的自由的心灵早已超越了纳粹的禁锢。

这种精神状态感召了其他的囚犯。他协助狱友在苦难中找到了生命的意义,找回了自己的尊严。

弗兰克后来这样写道:"每个人都有自己的特殊的工作和使命,他人是无法取代的。生命只有一次,不可重复,实现人生目标的机会也只有一次。然而,最可贵的是,一个人可以自由地选择自己的思想,无论是身陷囹圄,还是行将就木,他都能够按照自己的意志自由地决定外界对自己产生的影响……"

在弗兰克生命中最痛苦、最危难的时刻，在弗兰克精神行将崩溃的临界点，他靠自己的顿悟，靠成功的心理调控，不仅挽救了他自己，而且挽救了许多患难与共的生命。

涓涓心语

真正的自由取决于你的内心，而不是取决于外部条件，无论你处于什么样的环境下，都可以自由地决定外部条件对自己的影响程度。

除掉旷野里的杂草：在内心种下幸福的种子

有一位哲学家将自己的学生带到郊外的一片草地上，要在那里对他们讲最后一课。在草地上，他对学生们说："10年苦读，你们都已是饱学之士，现在学业就要结束了，我们上最后一课吧！"

弟子们围着哲学家坐了下来。哲学家问："现在我们坐在什么地方？"弟子们答："现在我们坐在旷野里。"哲学家又问："旷野里长着什么？"弟子们答："旷野里长满杂草。"

哲学家说："对，旷野里长满杂草，现在我想知道的是如何除掉这些杂草。"弟子们非常惊愕，他们都没有想到，一直在探讨人生奥妙的哲学家，最后一课问的竟是这么简单的一个问题。

一个弟子首先开口，说："老师，只要有铲子就够了。"哲学家点点头。

另一个弟子接着说："用火烧也是很好的一种办法。"哲学家微笑了一下，示意下一位。

第三个弟子说："撒上石灰就可以除掉所有的杂草。"

接着讲的是第四个弟子，他说："斩草除根，只要把根挖出来就行了。"

等弟子们都讲完了，哲学家站了起来，说："课就上到这里了，你们

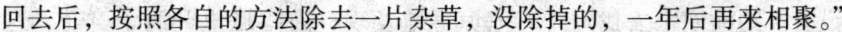

回去后,按照各自的方法除去一片杂草,没除掉的,一年后再来相聚。"

一年后,他们都来了,不过原来相聚的地方已不再是杂草丛生,它变成了一片长满谷子的庄稼地。弟子们围着谷地坐下,等待哲学家的到来,可是哲学家始终没有来。

数年后,哲学家去世,弟子们在整理他的言论时,私自在书的最后补了一章:要想除掉旷野里的杂草,方法只有一种,那就是在上面种上庄稼。

涓涓心语

一个人若要心灵自由,就要忘掉猜疑、仇恨等困扰心灵的痛苦。忘掉痛苦的最好办法就是在内心重新种下幸福与欢乐的种子,就像在杂草地种上庄稼一样。

约翰与汉斯:不要以自我为中心

约翰和汉斯是好朋友。有一次他们合伙做卖米的生意。那天晚上他们把米堆在商店外面,第二天早上,米少了许多。约翰记得汉斯起了好几次夜,很可能是他把米转移到其他地方想独吞,因此他认为汉斯占了他的便宜,心中大为不悦。汉斯说他没有看见那些米,约翰不相信,两人吵了起来,便成为仇人,发誓不再往来。

第二天约翰一大早外出做生意,推开门发现门口放着一个陶罐,罐里装着几根骨头。按照风俗这是很不吉利的象征。约翰想,肯定是汉斯诅咒他,他非常生气地将陶罐扔到花园里,就出门了。结果那天他的生意很不好,回到家中他给院子里的花松土施肥时,无意中看到那个破陶罐,就顺便移了几株花栽了进去。

过了几天,约翰的邻居打电话对他说:前一段时间自家的小孩夜里在外面玩,把一个准备泡药的陶罐和一副兽骨药给弄丢了,不知他看见

了没有。约翰回家去找陶罐,他惊喜地发现,破陶罐里开满了鲜花。这让他很高兴,没想到用来出气的陶罐竟给他带来了意想不到的欢乐。

他把陶罐和兽骨还给了邻居。邻居给了他几袋米,并解释说:就在他们把米放在外面的那天夜里,淘气的小孩偷偷拿了一些米,现在很抱歉地还给他。

约翰觉得自己错怪了汉斯,他为自己的狭隘心胸感到脸红,觉得自己当初不应该迁怒于汉斯,应该心平气和地向他解释。他决定主动向汉斯道歉,并带上了从陶罐里采摘的鲜花。后来约翰与汉斯又成为朋友了。

涓涓心语

猜疑心理既伤害了别人,同时也囚禁了原本美好和谐的心灵。不了解人,不了解世界,缺乏判断力是造成好猜疑、神经过敏、误会产生的主要原因。因此,要克服猜疑的心理缺陷,就应当走出自我为中心的心理,相信别人,相信自己。

囚犯成了垒球运动员:自重自爱,走向成功

有一位黑人青年,从小在一个环境很差的贫民窟中长大,由于缺乏教育和引导,他跟别的坏孩子学会了逃学、破坏财物和吸毒。他刚满12岁就因抢劫一家商店被逮捕;15岁时因为企图撬开办公室里的保险箱,再次被逮捕;后来,又因为参与对邻近的一家酒吧的武装打劫,他作为成年犯第三次被送入监狱。

一天,监狱里一个年老的无期徒刑犯看到他在打垒球,便对他说:"你是有能力的,你有机会做些你自己的事,不要自暴自弃。"

年轻人反复思索老囚犯的这席话,突然意识到,虽然他还在监狱里,但他具有一个囚犯能拥有的最大自由:他能够选择出狱之后干什么;他能够选择不再成为恶棍;他能够选择重新做人,做一个对社会有价值的人。

5年后,这个年轻人成了明星赛中底特律老虎队的队员。底特律垒球队当时的领队马丁在友谊比赛时访问过监狱,由于他的努力使年轻人假释出狱。不到一年,年轻人就成了垒球队的主力队员。

涓涓心语

青少年在遇到人生的岔道口时要学会自爱自重,人生不怕走弯路,就怕误入歧途而不知悔改。

作茧自缚的章鱼:放下心中的烦恼

有一位即将步入社会的年轻人对自己未来的生活充满了彷徨和忧虑,有一次他去拜访一位心理医生,向他倾诉了自己长久以来的烦恼:没有考上研究生,不知道自己未来的发展;女朋友将去一个人才云集的大公司,很可能会移情别恋……

心理医生让他把烦恼一个个写在纸上,判断其是否真实,同时将结果也记在旁边。

经过实际分析,年轻人发现其实自己真正的困扰很少,他看看自己那张困扰记录,不禁说:"无病呻吟!"心理医生注视着这一切,微微对他点头。接下来,心理医生启发他说:"你曾看过章鱼吧?"年轻人茫然地点点头。

"有一只章鱼,在大海中,本来可以自由自在地游动,寻找食物,欣赏海底世界的景致,享受生命的丰富情趣。但它却找了个珊瑚礁,然后动弹不得,呐喊着说自己陷入绝境,你觉得如何?"心理医生用故事的方式引导他思考。他沉默一下说:"您是说我像那只章鱼?"年轻人自己接着说:"真的很像。"

于是,心理医生提醒他:"当你陷入烦恼的习惯性反应时,记住你就好比那只章鱼,要松开你的八只手,让它们自由游动。系住章鱼的是自己的手臂,而不是珊瑚礁的枝丫。"

人心很容易被种种烦恼和物欲所捆绑，那都是自己把自己关进去的，是自投罗网的结果，就像章鱼，作茧自缚。

涓涓心语

生活中有很多烦恼和压力都是我们自己通过想象力编造出来的，我们的心灵也很容易因此而受到困扰和束缚。要摆脱这些困扰心灵的枷锁，我们就要跳出烦恼的圈子，正视烦恼，这样，它们就会变得不堪一击。

桃树的悲剧：客观看待自己

在果园的核桃树旁边，长着一棵桃树，它的嫉妒心很重，一看到核桃树上挂满的果实，心里就觉得很不是滋味。

"为什么核桃树结的果子要比我多呢？"桃树愤愤不平地抱怨着，"我有哪一点不如它呢？老天爷真是太不公平了！不行，明年我一定要和它比个高低，结出比它还要多的桃子！让它看看我的本事！"

"你不要无端嫉妒别人，"长在桃树附近的老李子树劝诫道，"难道你没有发现，核桃树有着多么粗壮的树干、多么坚韧的枝条吗？你也不动动脑想一想，如果你也结出那么多的果实，你那瘦弱的枝干能承受得了吗？我劝你还是安分守己，老老实实地过日子吧！"

然而嫉妒心蒙住了桃树的心灵和眼睛，无论多么恳切的劝诫，它都充耳不闻。桃树命令它的树根尽力钻得深些、再深些，要紧紧地咬住大地，把土壤中能够汲取的营养和水分统统都吸收上来。它还命令树枝要使出全部的力气，拼命地开花，开得越多越好，而且要保证让所有的花朵都结出果实。

它的命令生效了，第二年花期一过，这棵桃树浑身上下密密麻麻地挂满了桃子。桃树高兴极了，它认为今年可以和核桃树好好比个高低了。

充盈的果汁使得桃子一天天加重了分量，渐渐地，桃树的树枝、树杈都被压弯了腰，连气都喘不过来了。可是桃树不肯放弃即将到来的荣耀，它下令树枝与树杈要坚持住，不能半途而废。

这一天，不堪重负的桃树发出一阵哀鸣，紧接着就听到"咔嚓"一声，树干齐腰折断了。尚未完全成熟的桃子滚满了一地，在核桃树脚下渐渐地腐烂了。

渭渭心语

嫉妒心理是一种消极的负面情绪，更是损害人们身心健康的罪魁祸首。心理专家建议，当嫉妒心理出现时，一定要冷静地分析自己的想法和行为，主动地调整自己的意识和行动，同时客观地评价一下自己，找出自己与别人的差距。当认清了自己以后，再重新去看待别人，自然就能够心平气和了。

寻短见的少妇：生活就在一念之间

有一个少妇去投河自尽，被正在河中划船的老艄公救上了船。

艄公问："你年纪轻轻的，为何寻短见？"

少妇哭诉道："我结婚两年，丈夫就遗弃了我，接着孩子又不幸病死。你说，我活着还有什么乐趣？"

艄公又问："两年前你是怎么过的？"

少妇说："那时候我自由自在。无忧无虑。"

"那时你有丈夫和孩子吗？"

"没有。"

"那么，你不过是被命运之船送回到了两年前，现在你又可以自由自在、无忧无虑了。"

少妇听了艄公的话，心里顿时敞亮了，告别艄公，高高兴兴地跳上了对岸。

涓涓心语

同一件事，想开了就是天堂，想不开就是地狱。人生的成功与失败、快乐与悲伤、幸福与坎坷，全在我们的一念之间。

大盗的忏悔：要对自己负责

从他被投入这个世界的那一刻起，就要对自己的一切负责。

——萨特

20世纪20年代，美国有一位著名的珠宝大盗，名叫贝利。他偷盗的对象，都是有钱有地位的上流人士。他还是位艺术品鉴赏家，所以有"绅士大盗"之称。后来，贝利因偷盗被捕，被判刑18年。出狱后，全国各地的记者都纷纷前来采访他，其中有位记者问了一个有趣的问题："贝利先生，你曾偷了许多很有钱的人家，我想知道，蒙受损失最大的人是谁？"

贝利不假思索地说："是我。"

记者们哗然。贝利接着解释说："以我的才能，我应该能成为一个成功的商人、华尔街的大亨，或者是对社会很有贡献的一分子；但我不幸选择了做小偷，成了一个向自己偷盗东西最多的人——各位都知道，我生命中四分之一的时间，是在监狱里消耗掉的。"

同样的事例并不鲜见，有一位造诣很深的画家。他曾经花费了很多精力，以鬼斧神工的技艺，一笔一画地绘制了一张20美元的钞票。和贝利一样，他也因触犯法律而被捕了。具有讽刺意味的是，这位画家画一张20美元钞票所消耗的时间，跟他画一张可以卖到500美元的肖像所需的时间几乎是相同的，但这位天才的画家，却去绘制只值20美元的假钞。结果，损失最惨的人不是别人，正是他自己。

性格篇：塑造性格，成就美好人生

涓涓心语

天生我材必有用，但这个有用的前提就是将个人价值与社会价值统一起来，做一些对他人有用的事，这样我们才能充分施展自己的才华，实现自己的理想。

清除内心的垃圾：拥有一颗洁净的心

商朝的开国君主商汤，他在自己的洗澡盆边刻了九个字"苟日新，日日新，又日新"。商汤在洗澡的时候，外洗身，内洗心，所以他在洗完澡后"身心舒畅"。就是说，他洗澡时外去身上污垢，内去心灵渣滓，所以他洗完澡身心都很舒畅。

生活中，很多人的痛苦，都是因为自己看不开，放不下，一味地固执造成的。痛苦就犹如人心灵中的垃圾，它是一种无形的烦恼，由怨、恨、贪、痴等组成。

清洁工每天把街道上的垃圾带走，街道因此变得宽敞、干净。假如你也每天清洗一下内心的垃圾，那么你的心灵便会变得愉悦快乐了。

涓涓心语

把烦恼和苦痛当成垃圾丢掉吧，当你把那些根深蒂固、盘根错节的怨恨烦恼从心头清洗干净后，你就会获得轻松和愉悦的心境。

林肯的智慧：让生活多一点幽默

南北战争时期的林肯总统经常用幽默来缓解自己和周围工作人员所面临的心理压力。

有一次，一位急匆匆迎面而来的军官在作战部大楼的走廊上一头撞

到了林肯身上。当他看清了被撞的竟是总统先生的时候，立刻赔不是。

"一万个抱歉！"这位军官恭敬地说。

"一个就足够了。"林肯回答说。接着又补上一句："但愿全军的行动都能如此迅速。"

还有一次在有关兵力问题的讨论中，有人问林肯，南方军在战场上有多少人？

"120万。"林肯回答说。

这个数字远远超过了南方军的实际兵力。望着周围一张张充满惊愕和疑虑的脸，林肯接着说："一点不错——120万。你们知道，我们的那些将军们每次作战失利后，总是对我说寡不敌众，敌人的兵力至少多于我军3倍，而我又不得不相信他们。目前我军在战场上有40万人，所以南方军是120万，这毫无疑问。"

涓涓心语

很多时候，我们的压力都是内在的。这时，幽默可以帮我们缓解压力，舒缓心绪，很多压抑的情绪都可以在幽默的气氛中一扫而光。

"他们会笑话我吗"：无端的猜测只会带来烦恼

球王贝利刚刚入选巴西最著名的球队——桑托斯足球队时，曾经因为过度紧张而一夜未眠。他翻来覆去地想着："那些著名球星们会笑话我吗？万一发生那样尴尬的情形，我有脸回来见家人和朋友吗？"

他甚至还无端猜测："即使那些大球星愿意与我踢球，也不过是想用他们绝妙的球技，来反衬我的笨拙和愚昧。如果他们在球场上把我当作戏弄的对象，然后把我当白痴似的打发回家，我该怎么办？"

一种前所未有的怀疑和恐惧使贝利寝食不安。虽然自己是同龄人中的佼佼者，但忧虑和自卑却使他情愿沉浸于希望，也不敢真正迈进渴求已久的现实。

最后，贝利终于身不由己地来到了桑托斯足球队，那种紧张和恐惧的心情，简直没法形容。"正式练球开始了，我已吓得几乎快要瘫痪。"他就是这样走进一支著名球队的。原以为刚进球队只不过练练盘球、传球什么的，然后便肯定会当板凳队员。哪知第一次，教练就让他上场，还让他踢主力中锋。紧张的贝利半天没回过神来，双腿像长在别人身上似的，每次球滚到他身边，他都好像是看见别人的拳头向他击来。在这样的情况下，他几乎是被硬逼着上场的。但当他迈开双腿，便不顾一切地在场上奔跑起来时，他渐渐忘了是跟谁在踢球，甚至连自己的存在也忘了，只是习惯性地接球、盘球和传球。在快要结束训练时，他已经忘了桑托斯球队，而以为又是在故乡的球场上练球了。

那些使他深感畏惧的足球明星们，其实并没有一个人轻视他，而且对他相当友善。如果贝利能够相信自己，专心踢球，而不是无端地猜测和担心，但就不会承受那么多的精神压力。

滑滑心语

忘掉自我，专心投入到你当前要做的事情上去，可以让你克服紧张情绪，保持一种泰然自若的心态。

商人的烦恼：有些事情不要想得太多

有一位经营服装批发的商人，由于经营不慎，赔了几笔生意。为此他整天心情郁闷，每天晚上都睡不好觉。

妻子见他愁眉不展的样子十分担心，就建议他去找心理医生看看，于是他前往医院去看心理医生。

医生见他双眼布满血丝，便问他："怎么了，是不是受失眠所苦？"商人说："可不是吗？"心理医生开导他说："这没有什么大不了的！你回去后如果睡不着就数数绵羊吧!"商人道谢后离去了。

过了一个星期,他又来找心理医生。他双眼又红又肿,精神更加不振了,心理医生非常吃惊地说:"你是照我的话去做的吗?"商人委屈地回答说:"当然是呀!还数到三万多头呢!"心理医生又问:"数了这么多,难道还没有一点睡意?"商人答:"本来是困极了,但一想到三万多头绵羊有多少毛呀,不剪岂不可惜。"心理医生于是说:"那剪完不就可以睡了?"商人叹了口气说:"但头疼的问题来了,这三万头羊毛所制成的毛衣,现在要去哪儿找买主呀?一想到这儿,我更睡不着了!"

涓涓心语

无论做人还是做事,我们都要想得长远一些。但有些事想得太远,就会形成太多的压力,烦恼也会随之而来。因此我们要学会静心,不牵挂那些不该牵挂的事情,这样才能轻松快乐。

面对挫折的王丽:困难终究会过去

一天,一位老教授在王丽的班上说:"我有句三字箴言要奉送各位,它对你们的学习和生活都会大有帮助,而且可使人心境平和,这三个字就是'不要紧'。"

王丽领会到了那句三字箴言所蕴含的智慧,于是便在笔记簿上端端正正地写下了"不要紧"三个大字。她决定不让挫折感和失望破坏自己平和的心境。

后来,她的心态遭到了考验。她爱上了英俊潇洒的李刚,他对她很要紧,王丽确信他是自己的白马王子。

可是有一天晚上,李刚却温柔婉转地对王丽说,他只把她当作普通朋友。王丽以他为中心构想的世界当时就土崩瓦解了。那天夜里王丽在卧室里哭泣时，觉得记事簿上的"不要紧"那几个字看来很荒唐。"要紧得很，"她喃喃地说，"我爱他，没有他我就不能活。"

但第二日早上王丽醒来再看到这三个字之后，就开始分析自己的情况：到底有多要紧？李刚很要紧，自己很要紧，我们的快乐也很要紧。但自己会希望和一个不爱自己的人结婚吗？

日子一天天过去了，王丽发现没有李刚，自己也可以生活。王丽觉得自己仍然能快乐，将来肯定会有另一个人进入自己的生活，即使没有，她也仍然能快乐。

几年后，一个更适合王丽的人真的来了。在兴奋地筹备婚礼的时候，她把"不要紧"这三个字抛到九霄云外。她不再需要这三个字了，她觉得以后将永远快乐，她的生命中不会再有挫折和失望了。

然而，有一天，丈夫却得到了一个坏消息：他们曾经投资做生意的所有的积蓄，全部赔掉了。

丈夫把信念给王丽听了之后，她看到他双手捧着额头。她感到一阵凄酸，胃像扭作一团似的难受。王丽又想起那句三字箴言"不要紧"。她心里想："真的，这一次可真的是要紧！"

可是就在这时候，小儿子用力敲打他的积木的声音转移了王丽的注意力。儿子看见妈妈看着他，就停止了敲击，对她笑着，那副笑容真是无价之宝。王丽把视线越过他的头望出窗外，在院子外边，王丽看到了生机盎然的花园和晴朗的天空。她觉得自己的胃顿时舒展，心情也恢复了。于是她对丈夫说："一切都会好起来的，损失的只是金钱，'不要紧'。"

涓涓心语

生活中有很多突发的变故，会给我们的心灵带来巨大的压力，很多人会因为这些压力而变得一蹶不振，甚至会因此而失去生活的勇气。事实上，很多问题并不像我们想象的那么严重，面对这些人生的狂风暴雨，如果我们能够尝试着对自己说"不要紧"，时刻保持积极的心态，那么这些人生困难最终都将过去。

懂得后退的商人：学会应对紧张和压力

有一次，卡耐基在火车上遇到了一个商人，在他身上学到了一个应对紧张的技巧。

当时，那个商人就坐在卡耐基的对面，坐下后便把各种文件拿出来，把前面的台子摆满了。

但是在办公之前，他做了一件奇怪的事。他从公文包中拿出一张明信片大小的黑色牌子，上面用白颜色的笔写着几个大字"后退的计划"。他把牌子放在桌上后，便开始工作了。卡耐基觉得很好奇，忍不住问他："我看过很多'向前的计划'之类的牌子，但是我从来没有看过'后退的计划'。"

那个商人笑着说："这个牌子主要是为了提醒我自己，我需要把自己的时间安排好。"

"为什么是向后退，而不是向前进呢？"

"因为，"他说，"向后退的计划包含了一种特定的目标。你选择了一个目标，再想象完成时的景象。然后，做一个后退的计划，你便可以知道何时从何处着手进行。"

涓涓心语

当你感到做一件事情时间十分紧张时，你也可以试着给自己制订一个后退的计划，这样就可以减少时间上的压力，同时也可以保证你有足够的时间来完成目标。

抗"衰老"的总统：给内心留一片空间

第二次世界大战中，有人认为杜鲁门总统比以前任何一位总统更能负荷总统职务的压力与紧张。职务并没有使他"衰老"或吞蚀他的活力，认为这是很不简单的事，特别是身为一位战时总统必须遭遇的许多难题。杜鲁门说道："我的心里有个掩蔽的散兵坑。"他又说，像一位战士退进散兵坑以求掩蔽、休息、静养一样，他也定时地退入自己的心理散兵坑，不让任何事情打扰他。

涓涓心语

我们每个人内心都需要有一间恬静的房子，在那里你可以躲避一切的压力和侵扰。一个人想要退到更安静、更能免于困扰的地方，莫过于退入自己的灵魂里，让自己沉潜到一个平静的心绪中。

总裁的醒悟：会休息才会工作

正当的游玩，是辛苦的安慰，是工作的预备。

——丰子恺

IBM公司的总裁汤姆·沃森，原本就患有心脏病，有次旧病复发，必须马上住院治疗。

"我怎么会有时间呢？"沃森一听说医生建议他住院，立刻焦躁地回答："IBM可不是一家小公司呀！每天有多少事情等着我去裁决，没有我的话……"

"我们出去走走吧！"这位医生没有和他多说，亲自开车邀他出去逛逛。

不久，他们就来到近郊的一处墓地。

"你我总有一天要永远地躺在这儿的。"医生指着一个个的坟墓说，"没有了你，你目前的工作还是会有别人接着来做。你死后，公司仍然还会照常运作，不会就此关门大吉。"沃森听后沉默不语。

第二天，这位在美国商场上炙手可热的总裁就向IBM的董事会递上辞呈，并住院接受治疗，出院后又过着云游四海的生活。而IBM也没因此而倒下，至今依然是举世闻名的大公司。

涓涓心语

不会休息的人也不会工作，一刻不停地忙碌只会透支你的生命，降低你做事的效率。要减少生活中的压力，我们就要学会休息，以便储备更多的体力和精力来应对下一步的挑战。

学会低头：谦虚是美德之母

富兰克林年轻时特别高傲，走路总是趾高气扬的。有一次他去拜访一位有名的教授，不料在进门时不小心被门框狠狠地撞了一下，额头上当即就显出了一道红印。富兰克林狼狈不堪，一边搓揉着撞痛的额头，一边非常生气地盯着那道比一般住所要矮很多的门框。

这时教授笑着从里面走了出来，笑着对富兰克林说道："年轻人，撞痛你了吧？如果你要懂得生活，你就必须学会在该低头时低头，这才是你今天到这里来的最大收获。"

接着，教授又意味深长地说："趾高气扬体现在许多年轻人的身上，他们总是爱把自己评价得过高，直到某天也撞上了矮矮的门框，才后悔自己把头抬得过高遭受了重创，事情并非如自己所想的一样。其实，要

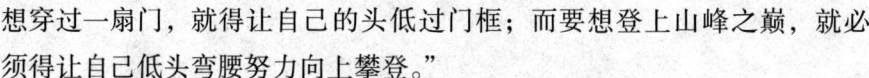

想穿过一扇门，就得让自己的头低过门框；而要想登上山峰之巅，就必须得让自己低头弯腰努力向上攀登。"

虽然富兰克林额头上被碰撞的红印早已经消失了，但教授的话却深深地印在了他的心里。在此后的生活中，他变得非常谦逊谨慎，并把"学会低头"写进了他的行为准则之中，这对他今后成为影响世界的伟人起着至关紧要的作用。

涓涓心语

谦虚是人们必备的一项美德，正如一句俗话说得那样，"成熟的稻子会弯腰"。位置站得越高的人越懂得低头，而站在最低位置的人却不懂得这个道理。

情绪篇：做情绪的主人

"饥来吃饭,困来睡觉":
让内心去除负担,回归轻松

人问慧海禅师:"和尚修道用功否?"

禅师回答道:"用功。"

又问:"如何用功?"

禅师答:"饥来吃饭,困来睡觉。"

那人继续问:"所有的世间人都是如此吃饭睡觉,与和尚用功难道不同吗?"

禅师回答:"不同。"

又问:"有什么不同?"

禅师答道:"世间人吃饭时不肯吃饭,百种索取;睡时不肯睡,千般计较。所以不同。"

在禅宗看来,人人皆可成佛,人性中就有佛性,只因迷于世俗的观念、欲望而不自觉,一旦觉悟到这些观念、欲望都不是真实的,那么真我本性就会自然显现,达到最后成佛的境界。

涓涓心语

没有太多欲望和牵挂的心灵是最轻松的。如果我们能够摆脱欲望的牵制,做到顺其自然,那么我们的人生就会减少许多压力和烦恼。

南瓜的力量:不要被压力击垮

一位生物学教授曾和他的学生们做过这么一个实验。实验人员用很多铁圈将一个小南瓜整个箍住,以观察南瓜在成长过程中会对这个铁圈产生多大的压力。实验之初他们估计南瓜最大能够承受500磅的压力。

等过了一个月之后,实验人员对南瓜承受的压力进行了测试,实验表明南瓜承受了500磅的压力;实验到了第二个月时,南瓜已经承受了1 500磅的压力;到了第三个月南瓜承受的压力已经达到2 000磅,这时研究人员必须对铁圈进行加固,以免南瓜将铁圈撑开。最后,当南瓜承受了超过5 000磅的压力时,瓜皮开始破裂,此时实验无法再进行下去了。实验人员于是拆下铁圈,当他们打开南瓜,发现它已经无法食用,因为南瓜的内瓤充满了一层层坚韧而牢固的植物纤维。

原来南瓜要吸收充足的养分才能突破限制它生长的铁圈。最震撼人心的是它所有的根系都往不同的方向伸展开去,整个瓜园的土壤与资源都被它的根系控制了。南瓜为了自己的生存和发展,已经超出了常规的生长能力,已经竭尽了其所能,而它生长过程中所爆发出来的力量更是让所有实验人员感到震惊。

涓涓心语

我们每个人内心承受压力的潜能都是无法估量的。只要你能够勇敢面对压力,注意调节,积极应对,那么再大的压力也不能把你击垮。

流浪汉的重负:轻松面对生活

有一个流浪汉在看不见尽头的路上长途跋涉,他背着一大袋沉重的沙子,一根装满水的粗管子缠在他身上,两只手分别拿着两块大石头,脖子上用一根旧绳子吊着一块大磨盘,脚腕上系着一条生锈的铁链,铁链上拴着大铁球,头上还顶着一个已腐烂发臭的大南瓜。这个流浪汉一步一挪地吃力地走着,每走一步,脚上的铁链就发出哗哗的响声。他呻吟着,抱怨命运如此艰难,抱怨疲倦不停地折磨着他。

正当他头顶烈日艰难前行时,迎面走过来一位农夫。农夫问:"喂,疲倦的流浪人,为什么你自己不将手里的石头扔掉呢?"

"我真蠢,"流浪汉明白了,"我以前怎么没想到呢?"他摔掉了石头,觉得轻了许多。

不久,他在路上又遇到一位少年。少年问他:"告诉我,疲倦的流浪汉,你为什么不把头上的烂南瓜扔了呢?你为什么要拖着那么重的铁链子呢?"

流浪汉答道:"我很高兴你能给我指出来。我没意识到我在做什么事。"他解开脚上的铁链子,把头上的烂南瓜扔到路边摔得稀烂。他又觉得轻了许多。但当他继续往前走,他又感到了步履的艰难。

后来,有一位老人从田里走来,见到流浪汉十分惊异:"啊,我的孩子,你扛了一口袋沙子,可一路上有的是沙子;你带了一根大水管,可你瞧,路旁就有一条清亮的小溪,它已伴随着你走了很长一段了。"听到这些话,流浪汉又解下了大水管,倒掉了里面已经变了味的水,然后把口袋里的沙子倒进一个洞里。突然他看到了脖子上挂着的磨盘,意识到正是这东西使他不能直起腰来走路。于是他解下磨盘,把它远远地扔进河里。他卸掉了所有负担,在傍晚凉爽的微风中寻找住宿之处。

涓涓心语

生命之舟需要轻载。生活本身就是一份责任和承担,是绝不轻松的,如果再加上额外的不必要的心理负担,压力就会更大了。因此,我们应当学会放下心理负担的包袱,轻松简单地面对自己的生活。

小公务员之死:不要无故给自己压力

俄国著名作家契诃夫的短篇名作《小公务员之死》就描述了一位小公务员无故给自己压力最终死亡的故事。

故事梗概为一位小公务员在剧院看戏,打了个喷嚏,唾沫口水溅到了坐在前排的将军身上。

惊恐万分的小公务员急忙向将军道歉。

将军回答说:"不要紧。"

可是小公务员却吓得惶惶恐恐,定不下心来。

幕间休息时,他又去请求将军原谅。

次日他再专程去将军府上赔罪。

第三天他又去向将军反复解释自己无意冒犯。

将军终于被这种近乎纠缠的道歉惹火了,大叫一声:"滚出去!"

小公务员吓得全身发抖,倒头就死了。

涓涓心语

很多事情并不像我们想象的那么严重,很多压力也是无中生有,纯属想象。如果你总是疑神疑鬼,放不下心,一件小事也足以搅得你寝食难安。

侄儿的信:微笑面对生活

有一天,唐娜接到国防部的电报,说她的侄儿——她最爱的一个人——在战场上失踪了。

唐娜的心一下子就悬了起来,原本开朗达观的她变得焦虑不安,茶饭不思。过了不久,她又接到了阵亡通知书。接到通知书的那一刻,她觉得自己的整个世界都塌陷了。

在此之前,唐娜一直觉得命运对自己很好。她说:"伟大的上帝赐给我一份喜欢的工作,又让我顺利地抚养大了相依为命的侄儿。在我看来,我侄儿代表着年轻人美好的一切。我觉得我以前的努力,现在都应该有很好的收获……"

然而,现在却来了这样一份电报,她的整个世界都被粉碎了,她

情绪篇：做情绪的主人

觉得再也没有什么值得自己活下去了，她找不到继续生存下去的理由。她开始忽视她的工作，忽视她的朋友，她抛开了生活的一切，对这个世界既冷淡又怨恨。"为什么我最爱的侄儿会死？为什么这么个好孩子——还没有开始他的生活就离开了这个世界？为什么他会死在战场上？"她觉得自己没有办法接受这个事实。她悲伤过度，决定放弃工作，离开家乡，把自己藏在眼泪和悔恨之中。就在她清理桌子准备辞职的时候，突然看到一封她已经忘了的信——一封她的侄儿生前寄来的信，当时，他的母亲刚刚去世。侄儿在信上说："当然我们都会想念她的，尤其是你。不过我知道你会平静度过的，以你个人对人生的看法，就能让你坚强起来。我永远不会忘记那些你教给我的美丽的真理。不论我在哪里生活，不论我们分离得多么遥远，我永远都会记得你的教导。你教我要微笑面对生活，要像一个男子汉，要承受一切发生的事情。"

唐娜把那封信读了一遍又一遍，觉得侄儿就在自己的身边，正在对自己说话。他好像在对自己说："你为什么不照你教给我的办法去做呢？坚持下去，不论发生什么事情，把你个人的悲伤藏在微笑下面，继续生活下去。"

侄儿的信为唐娜带来了很大的安慰和鼓舞，她不再对周围的一切充满敌视，不再对别人的冷淡无礼，她又像以前那样充满希望地投入到工作中去了。她一再对自己说："事情到了这个地步，我没有能力改变它，不过我能够像他所希望的那样继续活下去。"

唐娜把所有的思想和精力都用在工作上，她写信给前方的士兵——给别人的儿子们；晚上，她参加成人教育班——要找出新的兴趣，结交新的朋友。她几乎不敢相信发生在自己身上的种种变化。她说："我不再为已经过去的那些事悲伤，现在我每天的生活都充满了快乐——就像我的侄儿要我做到的那样。"

涓涓心语

问题的关键不在于发生了什么事情，而在于我们怎样看待发生在自

己身上的事情。无论发生了什么事情，你都必须接受既定的事实，把个人的悲伤掩藏在微笑下面，平静地继续生活，这是你应对压力的最好方式。

爱地巴的秘密：很多事情不必耿耿于怀

从前，在西藏有一个叫爱地巴的人，每次当他生气或与别人争吵的时候，就以很快的速度跑回家去，绕着自己的房子和土地跑上三圈，然后坐在田边喘气。

爱地巴是一个很精明和辛劳的人，他的房子越来越大，土地也越来越广。但不管房子和土地有多广大，只要与人争论而生气的时候，他就会绕着房子和土地跑三圈。

"爱地巴为什么每次生气时都绕着房子和土地跑三圈呢？"所有认识他的人，心里都感到疑惑，但是不管怎么问他，爱地巴都不愿意明说。

直到有一天，爱地巴很老了，他的房子和土地也已经很广大了，他生了气，仍然拄着拐杖艰难地绕着土地和房子转。等他好不容易走完三圈，太阳已经下山了，爱地巴独自坐在田边喘气。

他的孙子在身边恳求他："阿公！您已经这么大年纪了，这附近地区也没有其他人的土地比您的更广，您不要再像从前，一生气就绕着土地跑了。还有，您可不可以告诉我您一生气就要绕着土地跑三圈的秘密？"

爱地巴终于说出隐藏在心里多年的秘密，他说："年轻的时候，我一和人吵架、争论、生气，就绕着房子和土地跑三圈，边跑边想，自己的房子这么小，土地这么少，哪有时间去和人生气呢？一想到这里，气就消了，把所有的时间都用来努力工作。"

孙子问道："阿公！那您年老了，已经变成最富有的人，为什么还要绕着房子和土地跑呢？"

爱地巴笑着说："我现在还是会生气，生气时绕着房子和土地跑三圈,边跑边想,自己的房子这么大,土地这么多,又何必和人计较呢?一想到这里,气就消了。"

涓涓心语

任何事情都不像你想象的那样,那么值得耿耿于怀,让你生气和懊恼的不过是你自己罢了。

谁能让老人脱掉大衣:
温和的态度也有巨大的力量

法国作家拉封丹曾写过这样一则寓言:

南风和北风为了争论谁更强大而吵了起来。北风先说:"我们来比试比试吧。看见那个穿大衣的老先生了吗?谁让他更快地脱下大衣,谁就更强大。我先来。"

于是,北风朝着那老人呼呼地吹起来。风越吹越大,最后大得像一场飓风。可老人随着风的变大,反而把大衣裹得更紧了。

北风放弃了,他渐渐停了下来,气馁地看着南风。

这时,南风用温暖的微笑看着老人,暖风轻轻吹过,不久,老人就觉得热了,他脱掉了大衣。

南风对北风说道:"看到了吧,温暖和友善比暴力要来得更为强大。"

涓涓心语

温暖和友善比暴力要来得更为强大。当你与别人争吵或者发生冲突的时候,不妨在心中想一想这句话,以温和的态度对待争执,矛盾就会在你友善的态度中消融了。

冷静的老板：不要因为生气而误了大事

有一家电脑公司，赶了一批货交给一家新开发的客户，交货之后，却迟迟等不到客户将货款汇来。等了两个星期后，老板亲自到客户的公司拜访。老板在该公司等了很长一段时间之后，得到一张可立即兑现的现金支票。

老板拿着现金支票赶到银行，但是柜台小姐告诉他，这个账户内的存款不足，他的支票根本无法兑现。老板明白是那个客户故意耍诈，想要刁难他，原本他想立刻冲回客户的公司和他大吵一架。但是，这个老板一向秉持着"和气生财"的经营原则，所以他压下自己的怒气，向银行的柜台小姐询问这张支票之所以无法兑现，到底差了多少钱。由于老板的态度很诚恳，所以柜台小姐也很热心地帮他查询。查询的结果是，户头内只剩下九万八千元，跟他的支票金额只差了两千元。

正如老板所料，这个客户是存心和他过不去。老板灵机一动，从身上拿出两千元，请柜台小姐帮他存到客户的账号里，补足支票的面额十万元后他顺利地领到款货了。

其实，这位老板完全可以理直气壮、怒气冲冲地跑到客户的公司去抱怨，但是他却没有这么做。因为他知道，要是他这么做的话，不但浪费自己的时间，而且也会因此永远失去这个客户了。所以，他把时间花在解决问题上，而不用来制造新的问题。

涓涓心语

面对自己始料不及的情况时，很多人往往会失去理智并迁怒于别人，但这样只会把问题弄得更糟。如果我们把生气的时间花在解决问题上，那么事情就会变得顺利多了。

丹尼尔的信：用温和替代愤怒

二战期间，丹尼尔先生为了躲避战争逃到了瑞典，身无分文的他很需要找份工作。由于他能说并能写好几国的语言文字，所以他希望能够在一家进出口公司里找一份秘书工作。可是，绝大多数的公司都回信拒绝了他。甚至一家公司在写给丹尼尔的信上说："你对我生意的了解完全错误。你既错又笨，我根本不需要任何替我写信的秘书。即使我需要，也不会请你，因为你连瑞典文也写不好，信里全是错字。"

当丹尼尔看到这封信的时候，简直气得发疯，于是，他也写了一封措词激烈的信回敬该公司。但接着他对自己说："等一等，瑞典文并不是我家乡的语言，也许我确实犯了很多我并不知道的错误。如果是那样的话，我想要得到一份工作，就必须再努力地学习。此人可能帮了我一个大忙，虽然他本意并非如此。他用这种难听的话来表达他的意见，并不表示我就不亏欠他，我应该写信感谢他一番。"

于是，丹尼尔另外写了一封信说："你这样不嫌麻烦地写信给我实在是太好了，尤其是你并不需要一个替你写信的秘书。对于我把贵公司的业务弄错的事我觉得非常抱歉，我之所以写信给你，是因为我向别人打听，而别人把你介绍给我，说你是这一行的领袖人物。我并不知道我的信上有很多语法上的错误，我觉得很惭愧，也很难过。我现在打算更努力地去学习瑞典文，以改正我的错误，谢谢你帮助我走上改进之路。"

不到几天，丹尼尔就收到了那个人的信，请丹尼尔去看他，丹尼尔因此得到了一份工作，丹尼尔由此发现"温和的回答能带来好运"。

涓涓心语

温和的回答能够给一个人带来好运，当我们面对一件令人生气的事情时，愤怒应对只会让事情变得更糟，如果采用温和的态度来对待，说不定坏事也可以变成好事。

蓝色玻璃球与白色玻璃球：不要被情绪牵着走

芬妮是一个脾气暴躁，容易出现情绪波动的女孩，经常因为小事和别人吵架，她的人际关系因此越来越紧张，结果男友也难以忍受她的坏脾气，和她分手了。终于有一天，她觉得自己已经处于崩溃边缘。

她打电话向她的一个朋友詹森求救。詹森向她保证："芬妮，我知道现在对你来说是有点糟，可是只要经过适当的指引，一切就会好转。"

"你现在的第一件事是让自己安静下来，好好地享受一下宁静的生活。"

听了詹森的话，芬妮开始试着放弃先前忙碌的生活，好好地放松一下自己，给自己休了一个长假。当她已经稳定了一段时间之后，詹森又建议道："在你发脾气之前，不妨想想，究竟是哪一点触动了你？"

"你可以拥有两种思考，一种是让每件事情都在脑海里剧烈地翻搅，另一种则是顺其自然，让思想自己去决定。"说着，詹森拿出了两个透明的刻度瓶，然后分别装了一半刻度的清水，随后又拿出了两个塑料袋。芬妮打开来，发现分别是白色和蓝色的玻璃球。詹森说："当你生气的时候，就把一颗蓝色的玻璃球放到左边的刻度瓶里；当你克制住自己的时候，就把一颗白色的玻璃球放到右边的刻度瓶里。最关键的是，现在，你该学会控制自己的情绪，如果你不试着控制自己的情绪，你会继续把你的生活搞得一团糟。"

此后的一段时间内，芬妮一直照着詹森的建议去做。后来，在詹森的一次造访中，两个人把两个瓶中的玻璃球都捞了出来。他们同时发现，那个放蓝色玻璃球的水变成了蓝色。原来，这些蓝色玻璃球是詹森把水性蓝色涂料染到白色玻璃球上做成的，这些玻璃球放到水中后，蓝色染料溶解到水中，水就呈现了蓝色。詹森借机对芬妮说："你看，原来的清水投入'坏脾气'后，也被污染了。你的言语举止，是会感染别人的，就像玻璃球一样。当心情不好的时候，要控制自己。否则，坏脾气一旦投射到别人身上的时候，就会对别人造成伤害，再也不能回复到以前。所以一定要控制好自己的言行。"

芬妮后来发现，当按照詹森的建议去做时，人真的不会那么混沌了，事情也容易理出头绪。在此之前，她的心里早已容不下任何新的想法和三思而后行的念头，已经形成了一种忧虑的习性，这些让她恐惧慌乱而情绪化。

当詹森再次造访的时候，两个人又惊喜地发现，那个放白色玻璃球的刻度瓶竟然溢出水来——看来芬妮对自己的克制成效不小。慢慢地，芬妮已学会把自己当成一个思想的旁观者，来看清自己的意念。一旦有了不好的想法就很快发现，想法失控的时候就及时制止。这样持续了一年，她逐渐能够信任自己并且静观其变，生活也步入常轨，并重新得到了一个优秀男士的爱，美好在她的生活中渐渐展现。

涓涓心语

当你要发脾气的时候，应该做的第一件事就是尽量让自己安静和放松下来，想一想目前出现了什么情况，而不是顺其自然让脾气发作，被情绪牵着走。

生气时写的信要烧掉：合理调控自己的情绪

有一天，陆军部长斯坦顿怒气冲冲地来到林肯那里，抱怨一位少校公开指责他偏袒下属。林肯建议史坦顿立即写一封信回敬那位少校。

"可以狠狠地骂他一顿。"林肯说。

史坦顿立刻写了一封措辞激烈的信，然后拿给总统看。

"对了，对了。"林肯高声叫好，"要的就是这个！好好教训他一顿，真写绝了，斯坦顿。"

但是当史坦顿把信叠好装进信封里时,林肯却叫住他,问道:"你要干什么?"

"寄出去呀。"史坦顿有些摸不着头脑了。

"不要胡闹。"林肯大声说,"这封信不能发,快把它扔到炉子里去。凡是生气时写的信,我都是这么处理的。这封信写得好,写的时候你已经解了气,现在感觉好多了吧,那么就请你把它烧掉,再写第二封信吧。"

涓涓心语

和别人生气的时候,要注意合理控制自己的情绪,既不要把自己的愤怒压抑在心底,也不要将愤怒直接发泄给别人,而是找出一个缓解愤怒情绪的合理步骤。让自己的情绪缓一缓,等自己的内心平静了再做决定。

伤心的怀特小姐:学会克制自己的情绪

怀特小姐在一家儿童医院做见习护士的时候,曾经爱上了一个叫汤米的小男孩。汤米有着一双像弯月一样明亮可爱的大眼睛,金色的卷发柔顺地覆盖在他红润的面颊上。在怀特小姐的眼中,汤米就像教堂玻璃窗里的小天使。但是,实际上,他是一个可怜的、孤独的、内心充满恐惧的孤儿。虽然他患了传染性疾病,可怀特小姐还是非常喜欢他。当怀特小姐为汤米哼催眠曲的时候,总是想有一天自己能够成为小汤米的全职母亲。

在度假期间,怀特小姐为汤米买了几件样子可爱的玩具。假期一结束,怀特小姐便匆匆忙忙地回去上班。在向住院部走去的路上,她急切地从汤米的窗户向里看,床被整理得干干净净,但床上却没有人。

"你们把汤米挪到哪里去了?"怀特小姐问夜班护士。

"噢,他在星期六的夜里死了。你不知道吗?"

一个多么不经意的回答啊!然而怀特小姐却如同听到了晴天霹雳。她失魂落魄地走进护士休息室,在那儿,她可以任眼泪恣意流淌。

"怀特小姐!"护士长斯蒂克小姐严厉地说,"上班的时间到了。擦干你的眼泪,开始工作。现在就开始!"

听了她的话,怀特小姐所有的伤心和难过全部都发泄到了眼前这个"冷酷且冷漠"的女人身上。

"你怎能这样漠不关心呢?"怀特小姐冲护士长大声喊道,"汤米短暂的一生就这么结束了!而他甚至还没有一个妈妈去关心他,他是多么不幸啊!你关心过他,或者是关心过其他任何一个小孩子吗?不!你只是说:'怀特小姐,去工作。假装一切都和以前一样。'噢,这不一样!我在意!我爱那个孩子!"眼泪像洪水一样从怀特小姐的脸上流淌下来。

"怀特小姐,"护士斯蒂克小姐轻轻地把一方手帕放在怀特小姐的膝头上,她的声音低低的,有些沙哑地说道,"在工作中,我们会遇到很多像汤米一样的孩子。如果我们不控制自己的感情,他们会把我们的心给毁掉。你和我的心都应该像果冻一样,是一种凝胶体,我们必须学会控制自己的情绪,不断去寻找方法宽慰自己,使自己更理智地面对悲剧。我们必须给予每一个孩子平等的注意力。"

斯蒂克小姐把脸上的眼泪擦干,继续对怀特小姐说,"如果你知道汤米并不是一个人孤独地死去,也许会觉得有一点安慰。死亡是从我的怀里把他带走的。"

怀特小姐和斯蒂克小姐一起坐在那儿,一起为死去的汤米哭泣。然后,她们抹去脸上的悲伤,换上一副清新的微笑脸庞走出休息室,去爱和关心所有由她们看护的孩子们。

渭渭心语

人是有感情的动物,但有时候我们需要用理智来克制自己冲动的情绪,保持冷静才能正确地面对自己的工作和生活。

智者的话：不要冲动，避免悲剧

在一次暴雨之后，有一堵围墙被雨冲倒了，一个穷人从倒了的墙里挖出了一坛金子，他一夜暴富。有了钱之后这位穷人想让自己变得更聪明一些，于是，他就向一位老人诉苦，希望老人能指点迷津。

老人说："你有钱，别人有智慧，你为什么不用你的钱去买别人的智慧呢？"

于是他就来到了城里，见到一个智者，就问道："你能把你的智慧卖给我吗？"

智者答道："我的智慧很贵，一句话100两银子。"

那个人马上说："只要能买到智慧，多少钱我都愿意出！"

于是那个智者对他说道："遇到困难不要急着处理，向前走三步，然后再向后退三步，往返三次，你就能得到智慧了。"

"智慧这么简单吗？"那人听了将信将疑，生怕智者骗他的钱。

智者从他的眼中看出他的心思了，于是对他说："你先回去吧，如果觉得我的智慧不值这些钱，那你就不要来了，如果觉得值，就回来给我送钱！"

当夜回家，在昏暗中，他发现妻子居然和另外一个人睡在炕上，顿时怒从心生，拿起菜刀准备将那个人杀掉。突然，他想到白天买来的智慧，于是前进三步，后退三步，各三次，正走着呢，那个与妻同眠者惊醒过来，问道："儿啊，你在干什么呢？深更半夜的！"

穷人听出是自己的母亲，心里暗惊："若不是白天我买来的智慧，今天就错杀母亲了！"

第二天，他早上起来就给那个智者送银子去了。

我们在遇到不如意的事情时，常常会不分青红皂白地大发雷霆，很

多悲剧都是由于一时冲动和鲁莽造成的,如果我们遇事能够保持冷静,等了解了事实真相后再做决定,那么很多悲剧都可以避免。

禅师的心境:保持心灵上的宁静

在日本,有一位修行很深的禅师叫白隐,无论别人怎样评价他,他都会淡淡地说一句:就是这样的吗?

在白隐禅师所住的寺庙旁,住着一对夫妇,这对夫妇有一个漂亮的女儿。无意间,夫妇俩发现女儿的肚子无缘无故地大了起来。这种见不得人的事,使得她的父母异常震怒!在父母的一再逼问下,她终于吞吞吐吐地说出"白隐"两字。

她的父母怒不可遏地去找白隐理论,然而白隐大师听了并没有为自己辩解,只是心平气和地答道:"就是这样的吗?"孩子生下来后,就被送给白隐。此时,他的名誉虽已扫地,但他并不以为然,只是非常细心地照顾孩子——他向邻居乞求婴儿所需的奶水和其他用品,虽不免横遭白眼,或是冷嘲热讽,但他总是处之泰然,仿佛他是受托抚养别人的孩子一样。

事隔一年后,这位没有结婚的妈妈,终于不忍心再欺瞒下去了。她老老实实地向父母吐露真情:孩子的生父是住在同一幢楼里的一位青年。

她的父母立即将她带到白隐那里,向白隐道歉,请白隐原谅,并将孩子带回。

白隐仍然是淡然如水,他只是在交回孩子的时候,轻声说道:"就是这样的吗?"仿佛不曾发生过什么事,即使有,也只像微风吹过耳畔,转瞬即逝。

涓涓心语

无论我们的生活遭遇了什么样的指责和非难,都应该像白隐禅师那

样，保持心理上的平静，清醒理智地面对现实，做到"无故加之而不怒，猝然临之而不惊。"

虚心的秀政：培养宽容大度的性情

秀政是日本古代一位大臣，有一天，一位仆人在领地的城墙附近，发现有人竖立了一面木牌，上面列举着30多条秀政的政治过失。家臣们商量之后，决定把那面木牌拿给秀政看，并且非常愤怒地说："竖立这块木牌的人，实在太可恶了，应该逮捕他并严厉处罚。"

可是当秀政把木牌上所写的一一读过以后，马上说："有人这样严格地指正我，实在太难得了。我应该把它看成上天的赐予，并当作传家之宝，好好收藏。"于是，他把木牌用一只精美的袋子包起来，然后再装进箱子里；并召集家臣幕僚，将木牌上所列举的过失，认真仔细地检讨。而后，秀政的政绩更加辉煌了。

涓涓心语

虚心接受别人的批评，可以让一个人更快乐更健康地成长，同时也可以让他养成宽容大度的性情。相反，如果一受到批评，就好像阿Q被人提起头上的"癞疮疤"一样暴跳如雷，只会让我们成为一个心胸狭窄、固执己见的人。

一休禅师的教诲：不要把别人的挑衅放在心上

有一位青年脾气非常暴躁、易怒，经常爱与人争执，很多人都不喜欢他。有一天，这位青年到大德寺游玩，碰巧听到一休禅师正在说法，

听完后发愿痛改前非。

他对一休禅师说:"师父!我以后再也不跟人打架或发生口角,免得人见人厌,就算是受人唾面,也只会忍耐地拭去,默默地承受!"

一休禅师说:"嗳!何必呢,就让唾沫自干吧,不要去拂拭!"

"那怎么可能?为什么要这样忍受?"

"这没有什么不能忍受的,你就把它当作蚊虫之类停在脸上,不值得与它打架或发生口角。虽受唾沫,但并不是什么侮辱,微笑地接受吧!"一休禅师说。

"如果对方不是唾沫,而是用拳头打过来时,那怎么办?"

"一样呀!不要太在意!这只不过一拳而已。"

青年听了,认为一休禅师说得太没道理,终于忍耐不住,忽然举起拳头,向一休禅师的头打去,并问:"和尚!现在怎么样?"禅师非常关切地说:"我的头硬得像石头,没什么感觉,倒是你的手,大概打痛了吧?"

青年哑然,无话可说。

涓涓心语

心胸宽阔、心态平和的人是不可战胜的。面对别人的挑衅和辱骂,只要我们能够平静对待,不把它们放在心上,那么所有的责难就会烟消云散。

老人与年轻人:不要被浮躁的情绪所掌控

有一位年轻人和老人在岸边钓鱼。

一段时间过去了,奇怪的是,老人不时就能钓到一条大鱼,而年轻人的浮标总也没有动静。年轻人终于沉不住气了,问老人:"我们两人的钓饵相同,钓鱼的地方也一样,为什么你就能轻易钓到鱼,而我却一无

所获呢?"

老人微笑着说:"这就是你们年轻人的通病,浮躁,情绪不稳定,动不动就烦乱不安。我钓鱼的时候,常达到浑然忘我的境界,我只是静静地守候,不像你会时不时地动动鱼竿,叹息一两声。我这边的鱼根本就感觉不到我的存在,而你那边呢?你只想着鱼吃你的饵没有,眼睛也不停地盯着鱼,不见有鱼来咬钩,就急躁,心情烦乱不安,鱼不让你吓走才怪,这样怎会钓到鱼呢?"

涓涓心语

无论做什么事情,只有控制好自己的情绪,保持一颗平常心,才能发挥出自己应有的水平。很多时候,我们并不是输给别人,而是输给自己浮躁和无法掌控的情绪。

冷静的福特:将不满转化为动力

当亨利·福特还是一个修车工人的时候,并没有想过自己以后要成为一个叱咤风云的大人物。有一次刚领了薪水,他兴致勃勃地到公司附近的一家高档餐厅去吃饭。然而他在餐厅里坐了很长时间却没有一个服务生来招呼他。最后,还是餐厅中的一个服务生看到亨利·福特独自一人坐了那么久,才勉强走到桌边,问他是不是要点菜。

亨利·福特满脸堆笑,赶快点头称是。服务员却一脸不屑地将菜单丢在他的桌子上。亨利·福特刚打开菜单,看了几行,就听见服务生用轻蔑的语气说道:"菜单不用看得太详细,你只适合看右边的部分(意指价格),左边的部分(意指菜色),你就不必费神去看了!"

亨利·福特惊愕地抬起头来,目光正好迎接到服务生脸上不耐烦的表情,这让福特觉得十分生气。恼怒之余,他不由自主地便想点最贵的大餐,但转念,又想起口袋中那一点点可怜微薄的薪水。不得已,咬了咬牙，亨利·福特只点了一个汉堡。

服务生从鼻孔中"哼"了一声，傲慢地收回亨利·福特手中的菜单。口中虽然没有再说话，但脸上的表情却很清楚地让亨利·福特明白："我就知道，你这穷小子，也只不过吃得起汉堡罢了！"

在服务生离去之后，亨利·福特并没有因为花钱受气而继续恼恨不休。他反倒冷静下来，仔细思考，为什么自己总是只能点自己吃得起的食物，而不能点自己真正想吃的大餐。

从此以后，亨利·福特立下志向，要成为社会中顶尖的人物。在这种信念的激发下，最后亨利·福特终于由一个普通的修车工变成世人皆知的汽车大王。

涓涓心语

生活中我们常常会遭遇一些白眼和冷遇，面对这些冷遇我们应当平静对待，不要与人争一时之气，而应当将心中的不满化为奋发向上的动力。

很多时候，我们所承受的压力都是内在的。我们的心灵随时都在面临着压力和痛苦的困扰。"弓满易折，月满易亏"，对待人生中的压力和挫折，我们要善于调适自我，及时为自己的心灵"减负"，这样才能保全自己的实力。

当你感到有压力时，不妨把烦恼和苦痛都当成垃圾丢掉吧，当你把那些根深蒂固、盘根错节的怨恨与烦恼从心头清洗干净后，你就会获得轻松和愉悦的心境。

快乐篇：享受快乐，让生活更多彩

乐观的亨利：微笑面对挫折

影片《监狱风云》中有一个名为亨利的男子，他笑口常开、风趣幽默，经常为身边的人带去快乐。后来亨利被误判入狱，他依然不改快乐的性情，经常在监狱里开怀大笑。所有狱官都看他不顺眼，于是常常找他麻烦。

有一次，狱官用手铐将他吊起来，几天之后，他竟然还能一脸笑容地对狱官说："谢谢你们治好了我的背痛。"狱官又将亨利关进一个因日晒而高温的锡箱中，当他们放亨利出来时，亨利央求道："喔，拜托再让我待一天，我正开始觉得有趣呢。"

最后，狱官将他和一位重300磅的杀人犯德里克一同关进一间小密室。德里克在狱中恶名远扬，就连最凶恶的犯人也像躲瘟疫一般避着他。所以，当狱官们打开密室的门，看见德里克和亨利坐在一起开心地玩牌时，都惊讶得不得了。

亨利能够永葆快乐并不是因为他有超人的能力，他做的只不过是在快乐与悲伤之间，选择了以快乐去面对世事，所以，没有人能以任何方式夺走他的快乐。

涓涓心语

生活是一面镜子，你对它微笑，它也会对你微笑。无论面对什么样的磨难与挫折，如果你能够笑脸相对，那么挫折也会变得有趣。

快乐藏在哪里：改变情绪，改变人生

有一天，天堂里的上帝和天使们召开了一个会议。上帝说："我要人类在付出一番努力之后才能找到快乐，我们把人生快乐的秘密藏在什么

地方比较好呢？"

有一位天使说："把它藏在高山上，这样人类肯定很难发现，非得付出很多努力不可。"

上帝听了摇摇头。

另一位天使说："把它藏在大海深处，人们一定发现不了。"

上帝听了还是摇摇头。

又有一位天使说："我看哪，还是把快乐的秘密藏在人类的心中比较好，因为人们总是向外去寻找自己的快乐，而从来没有人会想到在自己身上去挖掘这快乐的秘密。"

上帝对这个答案非常满意。从此，这快乐的秘密就藏在了每个人的心中。心理学家指出，每个人都具备使自己快乐的资源，像谦虚、合作精神、积极的态度，还有爱心，这些特质几乎都可以在每个人的身上找到，只是许多人没有把这些"快乐的资源"运用好而已。

涓涓心语

快乐之根就在我们身上，快乐的秘密就在我们心中，每个人都可以通过改变自己的思想去改变自己的情绪和行为，从而改变自己的人生。

国王与磨坊主：热爱自己的生活就会快乐

从前，在一条小河边住着一个磨坊主，他是英格兰最快活的人。他从早到晚总是忙忙碌碌，同时像云雀一样快活地歌唱。他是那样的乐观，使其他人都乐观起来。这一带的人都喜欢谈论他愉快的生活方式。终于，国王听说了他。

"我要去找这个奇怪的磨坊主谈谈。"他说，"也许他会告诉我怎样才能快乐。"

国王刚踏进磨坊，就听到磨坊主在唱："我不羡慕任何人，不，不羡慕，因为我要多快活就有多快活。"

"我的朋友，"国王说，"我羡慕你，只要我能像你那样无忧无虑，我愿意和你换个位置。"

磨坊主笑了，给国王鞠了一躬。

"我肯定不和您调换位置，国王陛下。"他说。

"那么，告诉我，"国王说，"什么使你在这个满是灰尘的磨坊里如此高兴、快活呢？而我，身为国王，每天都忧心忡忡、烦闷苦恼。"

磨坊主又笑了，说道："我不知道你为什么忧郁，但是我能简单地告诉你，我为什么高兴。我自食其力，我爱我的妻子和孩子，我爱我的朋友们。他们也爱我。我不欠任何人的钱。我为什么不应当快活呢？这里有这条河，每天它使我的磨坊运转，磨坊把谷物磨成面，养育我的妻子、孩子和我。"

"不要再说了。"国王说，"我羡慕你，你这顶落满灰尘的帽子比我这顶金冠更值钱。你的磨坊给你带来的，要比我的王国给我带来的还多。如果有更多的人像你这样，这个世界该是多么美好啊！"

涓涓心语

快乐其实很简单。无论什么人，只要热爱自己的生活，爱自己的家人和朋友，自食其力，辛苦工作，你的内心就会时刻充满着快乐。

总是乐呵呵的小王：凡事多往好处想

小王还是单身汉的时候，和几个朋友一起住在一间只有七八平方米的小屋里。尽管生活非常不便，但是，他一天到晚总是乐呵呵的。

有人问他："那么多人挤在一起，连转个身都困难，有什么可乐的？"

小王说："朋友们在一起，随时都可以交换思想，交流感情，这难道不是很值得高兴的事吗？"

过了一段时间，朋友们一个个相继成家了，先后搬了出去。屋子里只剩下了小王一个人，但是他每天仍然很快活。

那人又问："你一个人孤孤单单的，有什么好高兴的？"

"我有很多书啊！一本书就是一个老师。和这么多老师在一起，时时刻刻都可以向它们请教，这怎能不令人高兴呢？"

几年后，小王也成了家，搬进了一座大楼里。这座大楼有七层，他的家在最底层。底层在这座楼里环境是最差的，上面老是往下面泼污水、丢死老鼠、破鞋子、臭袜子和杂七杂八的脏东西，那人见他还是一副自得其乐的样子，好奇地问："你住这样的房间，也感到高兴吗？"

"是呀！你不知道住一楼有多少妙处啊！比如，进门就是家，不用爬很高的楼梯；搬东西方便，不必费很大的力气；朋友来访容易，用不着一层楼一层楼去叩门询问……特别让我满意的是，可以在空地上养一丛一丛的花，种一畦一畦的菜，这些乐趣呀，数之不尽啊！"小王情不自禁地说。

过了一年，小王把一层的房间让给了一位朋友，这位朋友家有一个偏瘫的老人，上下楼很不方便。他搬到了楼房的最高层——第七层，可是他每天仍是快快乐乐的。

那人揶揄地问："先生，住七层楼是不是也有许多好处呀！"

小王说："是啊，好处可真不少呢！举几个例子吧：每天上下几次，这是很好的锻炼机会，有利于身体健康；光线好，看书写文章不伤眼睛；没有人在头顶干扰，白天黑夜都非常安静。"

涓涓心语

生活中不如意的事很多，如果你总是因为这些事情而担忧的话，那么你永远也不会有快乐的时候。因此，当自己的处境不好的时候，不妨想想小王的做法，凡事多往好处想想，或许你就会轻松快乐起来。

阳光、颜色和单词：收藏快乐，渡过情绪的严冬

冬天快要到了，田鼠们都开始忙碌起来。他们开始收藏果、稻谷和其他食物，准备过冬。只有一只田鼠例外，他的名字叫作弗兰克。

"弗兰克，你怎么不干活呀？"其他田鼠问道。

"我有活干呀。"弗兰克回答。

"那么，你收藏什么呢？"

"我收藏阳光、颜色和单词。"

"什么？"其他田鼠吃了一惊，相互看了看，以为这是一个笑话，笑了起来。

弗兰里克没有理会，继续工作。

冬季来了，天气变得很冷很冷。

其他田鼠想到了弗兰克，跑去问他："弗兰克，你打算怎么过冬呢，你收藏的东西呢？"

"你们先闭上眼睛。"弗兰克说。

田鼠们觉得奇怪，但还是一个个地闭上了眼睛。

弗兰克拿出第一件收藏品，说："这是我收藏的阳光。"

昏暗的洞穴顿时变得晴朗，田鼠们感到很温暖。

他们又问："还有颜色呢？"

弗兰克开始描述红的花、绿的叶和黄的稻谷，说得那么生动，田鼠们仿佛真的看到了夏季田野的美丽景象。

他们又问："那么，你的那些单词呢？"

弗兰克于是讲了一个动人的故事，田鼠们听得入了迷。

最后，他们变得兴高采烈、欢呼雀跃："弗兰克，你真是一个诗人！"

收藏阳光、颜色和单词，收藏夏季美丽的景象，好在严冬来临之际温暖自己的心房，这是多么简单的道理，却又多么实在！

涓涓心语

在悲伤和沮丧来临之前要学会为自己收藏快乐。这样你就可以顺利度过坏情绪的严冬，让自己的心灵四季如春，永远保持温暖和明朗。

一支冰激凌：从不好的境遇里发现乐趣

彼得拿着刚买的一支牛奶冰激凌，一边走一边吃，感到十分快乐。忽然一不小心，整支冰激凌掉在了地上，和泥沙混在一起。

彼得愣愣地呆在那里，一句也说不出来，只是睁大了眼睛看着地上的冰激凌。

这时，有个老太太走过来，对彼得说："好吧，既然你碰到这样坏的遭遇，脱下鞋子，我给你看一件有意思的事情！"

老太太说："用脚踩冰激凌，重重地踩，看冰激凌从你脚趾缝隙中冒出来。"彼得照着她的话去做。

老太太高兴地笑："我敢打赌，这里没有一个孩子尝过脚踩冰激凌的滋味！现在跑回家去，把这有趣的经验告诉你妈妈。"

接着，老太太说："要记住！不管遭遇什么，你总可以在其中找到乐趣！"

这件事，使彼得很受启发，他很快学会了这种处世原则。

不久后的一天午后，一场大雨在地面上形成一洼洼的小水坑。彼得的妈妈带着他，小心翼翼地避开人行道上的积水。不料，一辆计程车从身边疾驶而过，将两人的身上泼满了水。

彼得的母亲很生气，旁边的彼得却兴奋地对妈妈说："遇水则发，我们要发了。"

正在生气的母亲听到这样可爱的童言稚语，也不禁莞尔一笑，两人快快乐乐地踩着积水回家了。

涓涓心语

你不可以改变一件已经变糟的事情，但你可以选择快乐地对待它，这样，无论你遭遇什么，你都能够在其中发现乐趣。

上帝是公平的：为自己所拥有的而快乐

有一位事业上一帆风顺的女高音歌唱家，年纪轻轻就已经举世闻名。更幸运的是，在别人看来，她拥有一个幸福美满的家庭，有一个善解人意的丈夫和一个活泼可爱的儿子。

在一次成功的音乐会之后，歌唱家和她的丈夫、儿子被一群狂热的观众团团围住。人们七嘴八舌地与歌唱家攀谈起来，赞美与羡慕之词洋溢了整个会场。

有的人恭维歌唱家少年得志，大学刚毕业就走进了国家级剧院，成了一名主要演员；有的人恭维歌唱家25岁就被评为世界十大女高音之一，年轻有为；也有的人恭维歌唱家有一个优秀的丈夫，有个活泼可爱、脸上永远洋溢着笑容的小男孩。

在人们议论的时候，歌唱家只是静静地听，什么也没有表示。当大家把话说完后，她才缓缓地说："首先我要谢谢大家对我和我家人的赞美，我希望在这些方面能够和你们共享快乐。但是，你们只看到了一个方面，还有另一方面你们没有看到，那就是你们夸奖的活泼可爱、脸上总带着微笑的小男孩，是一个不会说话的哑巴，而且他还有一个经常要被关在屋里的精神分裂的姐姐。"

人们震惊了，你看看我，我看看你，似乎很难接受这样的事实。这时，歌唱家又心平气和地对人们说："这一切说明什么呢？恐怕只能说明一个道理，那就是，上帝是公平的，给谁的都不会太多。"

涓涓心语

每个人都有自己的得意事,也有不为人知的心酸事。因此,要想保持快乐的心情,就不要总看到别人的拥有,而应当多想想自己拥有而别人没有的东西。

叫花子迪克的烦恼:知足就会快乐

迪克曾经是世界上最快乐的叫花子。

"我为什么不快乐呢?我每天都能吃得饱饱的,有时甚至还能讨到一截香肠;我每天还有这座破庙可以挡风遮雨;我不为其他的人做工,我是自己的上帝。我为什么不快乐呢?"迪克这样回答那些羡慕他的人。

然而有一天,迪克却突然好像丢了什么宝贝似的,一下子变得闷闷不乐了。

事情是这样的,一天,迪克在回破庙的路上捡到一袋金币,准确地说是99块金币。

其实捡到金币的那个晚上,迪克是最最快乐的。"我可以不做叫花子了,我有了99块金币!这够我吃一辈子啊!99块,哈!我得再数数。"迪克怕这是一个梦,迪克不敢睡觉。直到第二天太阳出来时他才相信这是真的。

第二天,迪克很晚也没有走出破庙,他要把这99块金币藏好,这真的需要费一番工夫。"这钱不能花,我得攒着。我要是拥有100块金币就好了。我要有100块金币。"从来没有什么理想的迪克现在开始有了理想。他还需要一块金币,这对一个叫花子来说,绝对是一个非常远大的理想。

响午迪克才出去讨饭,不!他开始讨钱,一分一分的。中午他很饿,他只讨了一点儿剩饭。下午,他很早就"收工"了,他得用更多的时间

守着他的金币。

"还差97分。"晚上他反复地数着他的金币,他开始忘记了饥饿。

一连几天,迪克都这样地度过。这样过日子的迪克就再也没有吃饱过,同时也再没有快乐过。

讨饭越来越难,因为别人愿给剩饭而不愿给钱,因此迪克用来讨钱的时间越来越少了。因为他不快乐了,别人也不愿再施舍给他了。

"迪克,你为什么不快乐了?"

"咱是叫花子,快乐个啥!"

迪克越来越忧郁,越来越苦闷,也越来越瘦弱。终于有一天,迪克病倒了。这一病迪克就几天也没有起来。这几天里迪克就想着一件事:还差16分就100块金币了。

"迪克,你没有收到我的金币吗?"突然有一天,一个富商找到破庙里的生命垂危的迪克。

"什么?"迪克吃惊地问道。

"迪克",富商慢慢地说,"你的快乐,是你的快乐救过我。三年前,我在一次买卖中赔尽了家产。我正准备自杀,我见到了快乐的你,我明白了身无分文的人也能快乐地生活。后来,我就东山再起,赚了很多钱。那一次,我带着99块金币出来游玩,见到你,就把钱丢到了你要走的路上。可是你现在为什么还做叫花子呢?为什么不快乐呢?生了病为什么不拿钱去看医生呢?"

"我想拥有100块金币。还差16分,就差16分。"

富商从腰里取出一块金币给他。迪克接过钱,把钱装进袋子里,然后又全部倒出来,很细心地数——他终于有100块金币了,还多了84分。

迪克笑了,然后就昏倒了。

这时一个游僧路过这里,见到昏倒的迪克,向富商问明了情况,便说:"这下完了!"

"怎么了?"

"因为他有了99块金币的时候,就会希望有100块金币。这就是每个人都不可避免的贪欲,贪欲赶走了他的快乐。你要救他,你得向他索

回那 99 块金币，这样他或许有救。现在，你反倒满足了他的欲望，重病的他就失去了支撑下去的动力了。你开始时给他 99 块金币，你使世界上少了一个天使；你又给他一块金币，这就使世界上少了一个生命。"

富商用于试了试迪克的鼻孔，迪克果然什么时候都不会再快乐了。

滑滑心语

人生的快乐不在于他得到了多少，而在于他是否懂得享受自己所拥有的东西。努力地为自己赚取更多，这原本无可厚非，也是一种正常的心理，但同时我们要有一颗感恩知足的心，珍惜我们已经拥有的，从贪欲中解脱出来，这样我们才能够获得更多的快乐。

众生的答卷：拒绝攀比，收获快乐

有一天，上帝在百无聊赖之际，突发奇想："假如让现在世界上的每一位生存者再活一次，他们会怎样选择呢？"于是，上帝授意给世界众生发一答卷，让大家填写。

答卷收回后，上帝大吃一惊，请看他们各自的回答吧！

猫："假如让我再活一次，我要做一只老鼠。我偷吃主人一条鱼，会被主人打个半死。而老鼠可以在厨房翻箱倒柜，大吃大喝，人们对它也无可奈何。"

鼠："假如让我再活一次，我要做一只猫。吃皇粮，拿官饷，从生到死由主人供养，时不时还有我们的同类给它送鱼送虾，很自在。"

猪："假如让我再活一次，我要当一头牛。生活虽然苦点，但名声好。我们似乎是傻瓜懒蛋的象征，连骂人也都要说蠢猪。"

牛："假如让我再活一次，我愿做一头猪。我吃的是草，挤的是奶，干的是力气活，有谁给我评过功。发过奖？做猪多快活，吃罢睡，睡罢吃，肥头大耳，生活赛过神仙。"

鹰:"假如让我再活一次,我愿做一只鸡,渴有水,饿有米,住有房,还受主人保护。我们呢?一年四季漂泊在外,风吹雨淋,还要时刻提防冷枪暗箭,活得多累呀!"

鸡:"假如让我再活一次,我愿做一只鹰,可以翱翔天空,任意捕兔捉鸡。而我们除了生蛋、司晨外,每天还胆战心惊,怕被捉被宰,惶惶不可终日。"

其中,最有意思的还是人类的答卷。

不少男人写道:"假如让我再活一次,我要做一个女人,可以撒娇、可以邀宠、可以当妃子、可以当公主、可以当太太、……最重要的是可以支配男人,让男人拜倒在石榴裙下。"

不少女人则写道:"假如让我再活一次,一定要做个男人,可以蛮横、可以冒险、可以当皇帝、可以当王子、可以当老爷、可以当父亲……最重要的是可以驱使女人。"

上帝看完,气不打一处来:"这些家伙只知道盲目攀比,太不知足了!"他"哧哧"把所有答卷全都撕得粉碎,厉声喝道:"一切照旧!"

滑滑心语

现实生活中,人们总是习惯于把自己和身边的人相比:比家庭,比收入,比相貌,结果越比越不平衡,越比越生气,比出了怨恨,比出了愁闷,失去了自己本应有的好心情。俗话说:"人比人,气死人。"要想保持一份快乐的心情,我们就要控制自己的攀比心理,跳出攀比的心理误区。

妻子开花店:为自己赚取快乐

有一对夫妻感情很好,生活也过得很富裕。丈夫在外面开了一家公司,生意红火。他没日没夜地忙碌,很少在家。女儿在外地读大学,每逢寒暑假才回家。妻子一个人在家,终日无所事事,日子过得不快乐。

丈夫看到妻子在家闷闷不乐的样子，担心她闷出病来，就对她说："你去亲戚朋友家串串门吧，跟她们聊聊天、打打麻将，你会开心的。不要整天呆在家里，会很闷的。以前的生活是围着孩子转，没有自己的生活空间，现在好了，有时间了，好好利用。"

于是妻子就去亲戚、朋友、邻居家里串门、聊天、打麻将。果然开心了一段时间。但是话题聊完了，麻将打腻了，她又变得不开心了。

在家的这几天，妻子想了好多，她觉得丈夫说得很对，现在要好好规划一下，充分地享受生活，不能再这样浑浑噩噩下去了，要为自己而生活。

于是，丈夫回来后她对他说："我想开间花店。这里还没有人开，一定能赚钱。而且我一直很喜欢花，以前就有过这样的想法，只是一直没有去做。既能赚钱又感兴趣，一定会做得非常好的。"丈夫说："这主意不错。只要是你喜欢就放手去做吧，我支持你！"

花店很快就开张了。妻子每天去花店做生意，她变得忙碌起来了。来买花的人很多，妻子干得很开心，还认识了不少人。看着她开心的样子，他也很开心。可是过了几个月，丈夫算了一笔细账，发现妻子根本不是经商的料。

她经营的花店不但不赚钱，反而赔进去不少。

后来有一个朋友问他："你老婆的那家花店还开吗？"他说："还开。""是赚是赔？"他说："赚。""赚多少？"他神秘地一笑。经再三追问，他才悄悄告诉朋友："钱是一分没赚到，赚的是快乐。"

涓涓心语

萧伯纳说过，保持快乐的秘诀之一就是让自己忙起来，使自己没有时间去想自己到底快乐不快乐。行动可以带给一个人自信和快乐，当你发觉自己不快乐时，不妨试着从身边的小事做起，当你忙起来的时候，你的心情也会随着行动豁然开朗。

将军的答案：真正的快乐就是感到别人需要自己

著名的巴顿将军是一个爱兵如子的军官。有一次，他亲自驾车去前线慰问士兵，在一条壕沟边。他与战士进行了一番颇有深意的对话。

巴顿将军微笑着问大家："怎样才是快乐的人生？"

一位士兵抢先答道："被人尊重，被尊重的人生是最快乐的。"

巴顿将军马上回应："那样你的快乐就太依赖于别人了。"

"是爱。"马上又有人抢答。

巴顿将军笑言："这样的想法太过天真。"

接着有人又提出不同的答案。都被巴顿将军一一否决了。

最后，巴顿将军提出了自己的答案："最快乐的人生就是你无时无刻不感到你被别人需要。"

涓涓心语

真正快乐的人生是感觉到你无时无刻都被别人需要着，巴顿将军关于快乐的答案道出了人生快乐的真谛。当你觉得心情失落的时候，想想还有那么多需要你的人，你的心情就会慢慢变得快乐起来。

镜子外面的世界：与人分享会带来快乐

有一个人，他在年轻时拼命赚钱，中年时终于实现了自己的梦想，成为一个富翁。可是物质丰富的他，其实并没有因为达到梦想而感到发自内心的快乐。他一个经营花店的朋友，反而过着平凡却快乐的生活，时常可以看见他那愉快的笑脸。对此他十分不解。

有一天，这位富翁很不甘心地问他的朋友："我的钱可以买100个花店，可是为什么我却没有你快乐？"

朋友指着旁边窗子问："从窗外你看到了什么？"

富翁说："我看到很多人在逛花园。"

朋友又问："那你在镜子前又看到了什么呢？"

富翁看着镜子里憔悴的自己说："我看到了我自己。"

"哪一个风景辽阔呢？"

"窗子当然看得远了。"

朋友微笑着说："就因为你活在镜子的世界里呀！当你试着将镜子后面的那层水银漆剥掉，你就会看到全世界。"

涓涓心语

一个人的快乐不在于他拥有了多少东西，而是在于他与多少人分享他的快乐，那些懂得与人分享快乐的人，永远都会有享受不尽的快乐。

洗手间里的男人：保持快乐的习惯

一天清晨，在一列开往伦敦的老式火车的车厢中，有几个男士正挤在洗手间里刮胡子。在火车上，每天清晨都会有很多人在这个狭窄的地方做一番漱洗。此时的人们多半神情漠然，彼此间也不交谈。

就在这时候，突然有一个满面春风的男人走了进来，他愉快地向大家道早安，但是却没有人理会他的招呼。之后，当他准备开始刮胡子时，竟然自若地哼起歌来，神情显得十分愉快。他的这番举止令其他人感到极度不悦。于是有人冷冷地、带着讽刺的口吻对这个男人问道："喂！你好像很得意的样子，怎么回事呢？"

"是的，你说得没错。"男人快乐地回答着："正如你所说的，我是很得意，我真的觉得很愉快。"然后，他又说道："我是把使自己觉得幸福

这件事,当成一种习惯罢了。"

后来,在洗手间内所有的人都把"我是把使自己觉得幸福这件事,当成一种习惯罢了。"这句深有意义的话牢牢地记在心中。

涓涓心语

卡耐基说过,人们的生活都是由他们的思想所造成的,面对生活中幸运或不幸的事,人们心中习惯性的想法往往具有决定性的作用。无论发生了什么事,如果你都能保持一颗快乐的心去对待,那么你的生活将会是一路欢歌。

心理医生的主意:假装快乐就会真的快乐

玛丽从前是一个愁眉苦脸的人。很小的事情就能让她烦躁不安、心情紧张。孩子的成绩不好,会令她一整天忧心,先生几句无心的话会让她黯然神伤。她说:"几乎每一件事情,都会在我的心中盘踞很久,造成坏心情,影响生活和工作。"

有一次,她有个重要的会议,但是沮丧的心情却挥之不去,看看镜子里自己的脸庞,竟然无精打采。她打电话问自己的心理医生:"该怎么做?我的心情沮丧,我的模样憔悴,没有精神,怎么参加重要的会议?"

这位心理医生给她出了一个主意:"把令你沮丧的事放下,洗把脸把无精打采的愁容洗掉,修饰一下仪容以增强自信,想着自己就是得意快乐的人。注意!装成高兴充满自信的样子,你的心情会好起来。你很快就会谈笑风生、笑容可掬。"她照着去做,当天晚上在电话中告诉心理医生说:"我成功地参加这次会议,争取到新的计划和工作。我没想到强装信心,信心真的会来;强装好心情,坏心情自然消失。"

涓涓心语

假装快乐,你就会真的快乐。人只要肯换个想法,调整一下态度,

就可以让自己拥有一个新的心境。因此,当我们发现自己陷入坏情绪的包围之中时,就应当提醒自己立刻做出快乐的样子来,丢掉惨淡的心境。

给人带来快乐的天使:快乐就在你身边

有一个天使喜欢带给别人快乐。因此,他经常到凡间帮助人,希望别人能够感受到快乐的味道。

有一天,他遇到一个烦恼的农夫,他向天使诉苦说:"我家的水牛刚死了,没它帮忙犁田,那我怎能下田作业呢?"于是天使赐他一头健壮的水牛,农夫很高兴,天使也在他身上感受到了快乐。

又一天,他遇见一个男子,这位沮丧的男子向天使诉说:"我的钱被骗光了,没法回乡。"于是天使给他银两做路费,男子很高兴,天使同样在他身上也感受到了快乐。

又一天,他遇见一个诗人,诗人年轻、英俊、有才华且富有,妻子貌美而温柔,但他却过得不快乐。

天使问他:"你不快乐吗?我能帮你吗?"

诗人对天使说:"我什么都有,只欠一样东西,你能够给我吗?"

天使回答说:"可以。你要什么我都可以给你。"

诗人直直地望着天使:"我要的是快乐。"这下把天使难倒了,天使想了想,说:"我明白了。"然后把诗人所拥有的都拿走了。天使拿走诗人的才华,毁去他的容貌,夺去他的财产和他妻子的性命。天使做完这些事后,便离去了。

一个月后,天使再回到诗人的身边,他那时饿得半死,衣衫褴褛地躺在地上挣扎。于是,天使把他的一切又还给他,然后,又离去了。

半个月后,天使再去看诗人。这次,诗人搂着妻子,不停地向天使道谢。因为他得到快乐了。

快乐篇：享受快乐，让生活更多彩

涓涓心语

生活中大多数人都是这样，往往要等到拥有的失去了，才会懂得珍惜。其实，幸福就在我们身边，只要我们懂得珍惜身边的点滴小事，从一些平凡的小事中去寻找感动，快乐就会围绕在我们身边。

老头子总不会错：笑着面对现实

丹麦著名的童话大师安徒生写过这样一个故事：

在一个偏僻的乡下住着一对清贫的老夫妇，有一天他们想把家中唯一值点钱的一匹马拉到市场上，去换点更有用的东西。老头牵着马去赶集，他先与人换得一头母牛，又用母牛换了一只羊，再用羊换来一只肥鹅，又把鹅换了母鸡，最后用母鸡换了别人的一大袋烂苹果。在每次交换中，他都想给老伴一个惊喜。

当他扛着大袋子来到一家小酒店歇息时，遇上两个英国人。闲聊中他谈了自己赶集的经过，两个英国人听后哈哈大笑，并且说他回去准得挨老婆子一顿揍。老头子坚称绝对不会，英国人就用一袋金币打赌，三人于是一起回到老头子家中去验证。

老太婆见老头子回来了，非常高兴，她兴奋地听着老头子讲赶集的经过。每听老头子讲到用一种东西换了另一种东西时，她都充满了对老头子的钦佩。

她嘴里不时地说着："哦，我们有牛奶了！"

"羊奶也同样好喝。"

"哦，鹅毛多漂亮！"

"哦，我们有鸡蛋吃了！"

最后听到老头子背回一袋已经开始腐烂的苹果时，她同样不愠不恼，大声说："我们今晚就可以吃到苹果馅饼了！"

结果，英国人输掉了一袋金币。

渭渭心语

生活中难免会遇到一些不如意、不顺心的事情，但我们不应当因此而惋惜或埋怨生活，或让自己沉湎于痛苦之中。而是应当像文中的老太婆一样，笑着面对现实，只有这样，你的生活才会时常有惊喜出现。

四句话：快乐就在转念间

快乐不是一件奇怪的东西，绝不因为你分给了别人而减少。有时你分给别人的越多，自己得到的也越多。

有一位少年去拜访一位著名的智者，希望找到通往快乐生活的途径。

他问："尊敬的智者，请问我如何才能变成一个使自己快乐，也能够给别人带来快乐的人呢？"

智者说："这很简单，我送给你四句话。第一句话是，把自己当成别人。你能说说这句话的含义吗？"

少年问："是不是说，在我感到痛苦忧伤的时候，就把自己当成是别人，这样痛苦就自然减轻了；当我欣喜若狂之时，把自己当成别人，那些狂喜也会变得平和中正一些？"

智者轻拂胡须，接着说："第二句话，把别人当成自己。"

少年沉思一会儿，说："这样就可以真正同情别人的不幸，理解别人的需求，并且在别人需要的时候给予恰当的帮助。"

智者含笑点头，继续说道："第三句话，把别人当成别人。"

少年说："这句话的意思是不是说，要充分地尊重每个人的独立性，在任何情形下都不可侵犯他人的核心领地？"

智者哈哈大笑："很好，很好。第四句话是，把自己当成自己。这句话理解起来太难了，留着你以后慢慢品味吧。"

少年说:"这句话的含义,我是一时体会不出。但这四句话之间就有许多自相矛盾之处,我用什么才能把它们统一起来呢?"

智者说:"很简单,用一生的时间和经历。"

后来少年长成了青年,又变成了老人。后来在他离开这个世界很久以后,人们都还时时提到他的名字。人们都说他是一位智者,因为他是一个快乐的人,而且也给每一个见到过他的人带来了快乐。

涓涓心语

很多人过得不快乐,就是因为没有做到文中智者所讲的四句话。其实,要想度过快乐的一生只要记住故事中的四句话,做到善待自己,尊重他人,乐于助人,在悲伤来临时合理控制自己的情绪就可以了。

智者与泥像:忍受痛苦才能品味快乐

有人在路边新塑了一座泥像,这个泥像很想找个地方避避风雨,然而它无法动弹,也无法呼喊,它太羡慕人类了,它觉得做一个人,可以无忧无虑、自由自在地到处奔跑。它决定抓住一切机会,向人类呼救。

有一天,一位智者路过此地,泥像用它的神情向智者发出呼救。

"智者,请让我变成人吧!"智者看了看泥像,会意地笑了笑,然后衣袖一挥,泥像立刻变成了一个活生生的青年。

"你要想变成人可以,但是你必须先跟我试走一下人生之路,假如你受不了人生的痛苦,我马上可以把你还原。"智者说。

于是,青年跟智者来到一个悬崖边。

"现在,请你从此岩走向彼岩吧!"智者长袖一拂,已经将青年推上了铁索桥。

青年战战兢兢,踩着一个个大小不同链环的边缘前行,然而一不小心,一下子跌进了一个链环之中,顿时,两腿悬空,胸部被链环卡得紧紧的，几乎透不过气来。

"啊！好痛苦呀！快救命呀！"青年挥动双臂大声呼救。

"请君自救吧。在这条路上，能够救你的，只有你自己。"智者在前方微笑着说。

青年扭动身躯，奋力挣扎，好不容易才从这痛苦之环中挣扎出来。

"你是什么链环，为何卡得我如此痛苦？"青年愤然道。

"我是名利之环。"脚下铁链答道。

青年继续朝前走。忽然，前方出现了一个美女，朝着青年回眸一笑，就不见了踪影。

青年稍一走神，脚下一滑，又跌入一个环中，被链环死死卡住。

可是四周一片寂静，没有一个人回应，没有一个人来救他。

这时，智者再次在前方出现，他微笑着缓缓道："在这条路上，没有人可以救你，只有你自己自救。"

青年拼尽力气，总算从这个环中挣扎了出来，然而他已累得精疲力竭，便坐在两个链环间小憩。

"刚才是个什么环呢？"青年想。

"我是美色之环。"脚下的链环答道。

经过一阵轻松的休息后，青年顿觉神清气爽，心中充满幸福愉快的感觉，他为自己终于从链环中挣扎出来而庆幸。

青年继续向前走，然而没想到他又接连掉进了欲望之环、嫉妒之环……待他从这一个个痛苦之中挣扎出来，青年已经完全疲惫不堪了。抬头望望，前面还有漫长的一段路，他再也没有勇气走下去。

"智者！我不想再走了，你还是带我回原来的地方吧。"青年呼唤着。

智者再次出现了，他长袖一挥，青年便回到了路边。

"人生虽然有许多痛苦，但也有战胜痛苦之后的欢乐和轻松，你难道真愿意放弃人生吗？"

"人生之路痛苦太多，欢乐和愉快太短暂太少了，我决定放弃做人，还原为泥像。"青年毫不犹豫地说。

智者长袖一挥，青年又还原为一尊泥像。

"我从此再也不受人世的痛苦了。"泥像想。

然而不久，泥像被一场大雨冲成了一堆烂泥。

涓涓心语

一位作家曾经说过，要想看到彩虹，就不要介意雨天。在一个人的成长道路上，快乐与痛苦总是相伴左右的。要想品味成功的快乐，我们就要忍受生活中的痛苦。

忧虑与人心相关，在诗人想象的世界中，石有灵气，云有深意，水有柔情。但它们都没有心。唯人有心。人有了心，就有了忧虑。忧虑虽然不可避免，但是我们可以让自己变得更快乐。要想让自己成为一个开心快乐的人，就要记着随时将一些懊恼、忧虑、遗憾拒之门外，将以往的痛苦抛诸脑后。这样，你才能充满希望地走向未来。

修炼篇：完善自我，走向卓越

除了眼泪，还有阳光和蓝天：
感受生命的可贵与生活的温暖

从前，有一个小沙弥受不了寺院的清苦，变得厌世、轻生，患上了我们现在所说的抑郁症。

有一天，他独自一人走上了寺院后面的——悬崖险峰，就在他紧闭双眼，准备纵身跳下时，一只大手按住了他的肩膀。他转身一看，原来是老方丈。小沙弥的眼泪马上就流出来了，他告诉方丈，他已经万念俱灰，真的"看破红尘，四大皆空"，什么牵挂都没有了，只想一死了之。

老方丈慈爱地说："生命没有错误，要珍惜自己的生命，其实你拥有的东西还很多很多，你先看看你手背上有什么。"

小沙弥抬手看了看，讷讷地说："没什么呀！"

"那不满是眼泪吗？"老方丈语气沉重地说。

小沙弥眨巴眨巴眼睛，又是串串热泪。

老方丈满眼关切，又说："再看看你的手心。"

小沙弥又摊开双手，看自己的手心。看了一阵，不无疑惑地说："没什么呀！"

老方丈呵呵一笑说："那不满是阳光吗？"

小沙弥愣怔了一下，脸上也泛起丝丝的笑容。

老方丈又循循善诱地说："你再抬头看看。"

这回小沙弥开窍了，没等方丈开导，就心悦诚服地说："还有蓝天，我还有蓝天！"

老方丈舒心地叹了口气，对小沙弥说："其实，你除了眼泪、阳光和蓝天，还有一颗勇敢顽强的心、健康的身体……"

涓涓心语

生命并不像我们所想象的那样，总是充满了阳光和坦途。当你对生活失望的时候，不妨抬头看看蓝天，感受一下生命的可贵与生活的温暖，或许你就能够找到重新走下去的勇气。

灾难的意义：学会走出挫败的阴影

1914年，大发明家爱迪生的实验室发生一场大火，损失超过200万美金。他一生的心血成果在大火中化为灰烬了。

当大火肆虐的时候，爱迪生的儿子查里斯在浓烟和废墟中发疯似的寻找他的父亲。他最终找到了，这时，爱迪生平静地看着火势，他的脸在火光摇曳中闪亮，他的白发在寒风中飘动着。

"查里斯，你快去把你母亲找来，她这辈子恐怕再也见不着这样的场面了。"第二天早上，爱迪生看着一片废墟说道："灾难自有它的价值，瞧，这不，我们以前所有的谬误过失都被大火烧了个一干二净，感谢上帝，这下我们又可以从头再来了。"

火灾过去不久，爱迪生第一部留声机就问世了。

涓涓心语

灾难自有它的价值，面对挫折，一定要让自己保持积极乐观的心态告诉自己，"这没什么大不了的"。从灾难和挫败的阴影中走出，灾难就会成为你迈向成功的一个新起点。

起火的茅屋：学会为失去而感恩

在一次激烈的海战中，有一艘船被敌舰击中，沉入海底，全船只有一个人活着漂到孤岛，这个人独自在岛上艰苦地生活。

他天天站在岸边大摇白旗,想尽一切办法,希望有人来救他,可是一直都没有结果。

有一天,他千辛万苦搭盖的茅屋,突然起火了,而且一发不可收拾,把他所有的"家当"都烧光了。

他伤心之余,埋怨上帝:"我唯一的栖身之处,我仅有的一点生活用品,都化为灰烬,上帝啊,你为何使我走上绝路?"

不久,忽然有人驾船来救他,他问他们怎么知道岛上有人。救他的人说道:"我们起先也不知道,但是看见岛上有火光,所以船长派我们来看看。"

于是他将起初的埋怨,变为真切的感激,因为上帝借这把火救了他。

涓涓心语

学会为失去而感恩,因为它常常隐藏着收获和转机。失去并不可怕,可怕的是,我们内心的希望和快乐也因此而失去了。

父亲的教诲:用行动改变环境

玛丽亚经常向父亲抱怨自己的生活,觉得自己的生活处处充满了障碍,好像到处都是解决不了的难题。

父亲听完了玛丽亚的抱怨,怜惜地拍了拍她的肩头,把她带进了厨房。他先往3只锅里倒入一些水,然后把它们放在旺火上烧。不久锅里的水烧开了,他往一只锅里放些胡萝卜,第二只锅里放入鸡蛋,最后一只锅里放入碾成粉状的咖啡豆。他将它们浸入开水中煮,一句话也没说。

玛丽亚不解地望着父亲,不知道父亲这么做是什么用意。大约20分钟后,父亲把火关掉,把胡萝卜捞出来放入一个碗内,把鸡蛋捞出来放入另一个碗内,然后又把咖啡舀到一个杯子里。做完这些后,他才转过身问女儿:"亲爱的,你看见什么了?"

"胡萝卜、鸡蛋、咖啡。"玛丽亚回答说。

父亲让她靠近些,并让她用手摸摸胡萝卜。她摸了摸,注意到它们变软了。

父亲又让玛丽亚拿一只鸡蛋并打破它。将壳剥掉后,她看到的是只煮熟的鸡蛋。

最后,父亲让她喝咖啡。品尝到香浓的咖啡,玛丽亚笑了。她轻声问道:"爸爸,这意味着什么?"

父亲解释说:"这3样东西面临同样的逆境——煮沸的开水,但其反应各不相同:胡萝卜入锅之前是强壮的,结实的,毫不示弱,但进入开水后,它变软了,变弱了。鸡蛋原来是易碎的。它薄薄的外壳保护着它呈液体的内脏,但是经开水一煮,它的内部变硬了。而粉状咖啡豆则很独特,进入沸水后,它们倒改变了水。"

涓涓心语

逆境不是不可改变的。面对困难,乐观的人会像咖啡一样,积极主动地去用自己的行动改变环境,而悲观的人则会像鸡蛋和胡萝卜那样一味地逃避退让,任由环境主宰自己。

铅笔有多少种用途:
在任何处境中都要保持积极的态度

在美国有一所小学,据统计,该校毕业生在当地警察局的犯罪记录最低,这是为什么?一位研究者通过对该校毕业生的问卷调查,得到了一个奇怪的答案——因为该校的学生都知道铅笔有多少种用途。

在这所学校,新生入学后接受的第一堂课就是:一枝铅笔有多少种用途。在课堂上,孩子们明白了铅笔不仅有写字这种最普通的用途,必要时还能用来做尺子画线;作为礼品送人表示友爱;当作商品出售获得利润；笔芯磨成粉后可做润滑粉；演出时也可临时用于化妆；削下的木屑可以做成装饰画；一枝铅笔按相等的比例锯成若干份，可以做成一副象棋，可以当作玩具车的轮子；在野外探险时，铅笔抽掉芯还能被当成吸管喝石缝中的泉水；在遇到坏人时，削尖的铅笔还能当作自卫的武器……

通过这一课，学生们懂得了：拥有眼睛、鼻子、耳朵、大脑和手脚的人更是有无数种用途，并且任何一种用途都足以使一个人生存下去。这种教育的结果是，从这所学校毕业的学生，无论他们的处境如何，都生活得非常快乐，因为他们永远对未来充满希望。

涓涓心语

一支小小的铅笔有无数种用途，它可以用来画线，做礼品，做润滑粉，甚至还可以用来自卫。同样，我们身体的每一个部分比如眼睛和耳朵也有着许多用途，任何一种用途都可让我们生存下去。明白了这个道理，无论处境如何，我们都可以保持积极乐观的心态。

最后一道面试题：面对失败要保持自信与坦然

在一次别开生面的人才交流会上，王先生以其绝对的实力闯过了五关，不知最后一关会是什么。王先生在揣摩着。而另一位同是某名牌大学毕业的李先生则有两关是勉强通过的。

此时，他们都在等待着那第六关问题的公布，这将是对于他们的一次宣判，因为两个当中只能选一个。

王先生入选是无疑了，大家都向他投去赞赏的目光。

主持者在片刻的有些令人窒息的"冷场"之后开始宣布：王先生被录取，李先生另谋高就。

宣布完毕，王先生兴奋地站起来，抑制不住心中的激动之情，带头为自己鼓掌。

这时,李先生不卑不亢地站起来,微笑着说:"哦,正可谓人各有志不可强求。选择人才是择优录取,更何况每个单位都有它用人的标准和尺度,每个人都会找到,也会有自己适合的位置。好了,再见。"

"李先生请留步!"主持者面带欣喜起身走向李先生,"李先生,你被录取了。"

接着,主持者向大会郑重宣布:"成功与失败本是两个相互依存的概念,是相对而存在的,该是平等的。如果把任何一方看得过重,这个天平就要失衡。在这个世上生存或是发展,我们不只羡慕成功者的辉煌,而更看重失败者的自信和坦然,看重能镇定自若面对失败的人。因为每一个成功实际上是以许多的失败为起点的,连在起点上都坚持不住的人,何谈以后的漫漫长路呢!"

全场响起热烈的掌声。

此时,我们都该和王先生一样,知道我们所面临的第六个问题了吧。

涓涓心语

中国有一古训"失意莫灰心,得意莫忘形"。失败者的自信和坦然,是走向成功彼岸的起点。

盲人琴师:希望带来勇气与力量

从前,有一位弹奏三弦琴的盲人,渴望在自己的有生之年看看世界,但是遍访名医,都说没有办法。有一日,这位民间艺人碰见一个道士,道士对他说:"我给你一个保证治好眼睛的药方,不过,你得弹断一千根弦,方可打开这张方子。在这之前打开是不能生效的。"

于是这位琴师带了一位也是双目失明的小徒弟游走四方,尽心尽意地以弹唱为生。一年又一年过去了,在他弹断了第一千根弦的时候,这位民间艺人迫不及待地将那张藏在怀里很久的药方拿了出来,请一个看得见的人代他看看上面写着的是什么药材,好治他的眼睛。

那个人接过方子来一看,说:"这是一张白纸嘛,并没有写一个字。"那位琴师听了,潸然泪下,突然明白了道士那"一千根弦"背后的意义。就为着这一个"希望",支持他尽情地弹下去,而匆匆53年就如此活了下来。

这位老盲眼艺人,没有把这故事的真相告诉他的徒儿,他将这张白纸慎重地交给了他那也是渴望能够看见光明的弟子,对他说:"我这里有一张保证治好你眼睛的药方,不过,你得弹断一千根弦才能打开这张纸。现在你可以去收徒弟了,去吧,去游走四方,尽情地弹唱,直到那一千根琴弦弹断,就可以见到光明。"

涓涓心语

希望可以为我们的心灵带来勇气和力量,无论面临什么样的困境,只要心存希望我们就能够战胜厄运,赢得人生。

教练的绝招:鼓励自己,走出困境

约翰·伍登在自己40年的教练生涯中,他所带领的高中和大学球队获胜的概率在80%以上,在全美12年的篮球年赛当中,他所带领的球队曾替加州大学洛杉矶分校赢得10次全国总冠军。如此辉煌的成绩,使伍登成为大家公认的有史以来最称职的篮球教练之一。

曾经有记者问他:"伍登教练,请问你如何保持这种积极的心态?"

伍登很愉快地回答:"每天我在睡觉以前,都会提起精神告诉自己:我今天的表现非常好,而且明天的表现会更好。"

"就只有这么简短的一句话吗?"记者有些不敢相信。

伍登惊讶地问道:"简短的一句话?这句话我可是坚持了20年!重

点和简短与否没关系,关键是在于你有没有持续去做,如果无法持之以恒,就算是长篇大论也没有帮助。"

伍登教练不仅在工作中时刻保持积极的心态,在生活中他也是一个积极乐观的人。例如有一次他与朋友开车到市中心,面对拥挤的车潮,朋友感到不满,继而频频抱怨,但伍登却欣喜地说:"真是个热闹的城市。"

朋友好奇地问:"为什么你的想法总是异于常人?"

伍登回答说:"一点都不奇怪,我是用心里所想的事情来看待,不管是悲是喜,我的生活中永远都充满机会,这些机会的出现不会因为我的悲或喜而改变,只要不断地让自己保持积极的心态,我就可以掌握机会,激发更多的潜在力量。"

涓涓心语

积极的心态能够催人上进,激发人潜在的力量。时刻鼓励自己,给自己积极的暗示,有助于我们走出困境,保持积极进取的精神。

战胜自己,克服自己的胆怯,就等于战胜了最强大的敌人。无论做什么事情,我们都应当勇敢地面对挑战,只有不断地挑战自我,超越自我,才能够战胜成长过程中的一个个困难,成为最好的自己。

虚掩的门:不要束缚了自己

1968年,在墨西哥奥运会的百米赛场上,美国选手海恩斯撞线后,激动地看着运动场上的计时牌。当指示器打出9.9秒的字样时,他摊开双手,自言自语地说了一句话。

后来,有一位叫戴维的记者在回放当年的赛场实况时再次看到海恩斯撞线的镜头,这是人类历史上第一次在百米赛道上突破10秒大关。看到自己破记录的那一瞬,海恩斯一定说了一句不同凡响的话,但这一新

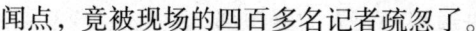

闻点,竟被现场的四百多名记者疏忽了。

因此,戴维决定采访海恩斯,问问他当时到底说了一句什么话。

戴维很快找到海恩斯,问起当年的情景,海恩斯竟然毫无印象,甚至否认当时说过什么话。戴维说:"你确实说了,有录像带为证。"

海恩斯看完戴维带去的录像带,笑了。他说:"难道你没听见吗?我说:'上帝啊,那扇门原来是虚掩的。'"

谜底揭开后,戴维对海恩斯进行了深入采访。

自从欧文斯创造了10.3秒的成绩后,曾有一位医学家断言,人类的肌肉纤维所承载的运动极限,不会超过每秒10米。

海恩斯说:"30年来,这一说法在田径场上非常流行,我也以为这是真理。但是,我想,自己至少应该跑出10.1秒的成绩。每天,我以最快的速度跑5公里,我知道百米冠军不是在百米赛道上练出来的。当我在墨西哥奥运会上看到自己9.9秒的记录后,惊呆了。原来,10秒这个门不是紧锁的,而是虚掩的,就像终点那根横着的绳子一样。"

后来,戴维撰写了一篇报道,填补了墨西哥奥运会留下的一个空白。不过,人们认为它的意义不限于此,海恩斯的那句话,为我们留下的启迪更为重要。

涓涓心语

我们心中唯一的限制,就是我们为自己设置的那个局限。高度并非无法超越,只是我们无法超越自己思想的限制,更没有人束缚我们,只是我们自己束缚了自己。

第11次敲门:不要因为挫败而停止尝试

通用公司的面试通知,像一缕阳光照亮了克里弗德焦急期待的心。面试那天,克里弗德精心地梳洗打扮了一番,又换了一条新领带,以祝福自己好运。上午十点钟，他走进通用公司人力资源部。

等秘书小姐向经理通报后，克里弗德静了静心，提着手提包来到经理办公室门前，轻轻地敲了两下门。

"是克里弗德先生吗？"屋里传出问询声。

"面试官先生，你好！我克里弗德。"克里弗德慢慢地推开门。

"抱歉，克里弗德先生，你能再敲一下门吗？"端坐在沙发转椅上的面试官悠闲地注视着克里弗德，表情有些冷淡。

面试官的话虽令克里弗德有些疑惑，但他并未多想，关上门，重新敲了两下，然后推门走进去。

"不，克里弗德先生，这次没有第一次好，你能再来一次吗？"面试官示意他出去重来。克里弗德重新敲门，又一次踏进房间，"先生，这样可以吗？"

"这样说话不好——"

克里弗德又一次走进去："我是克里弗德，见到你很高兴，面试官先生。"

"请别这样。"面试官依然淡淡道，"还得再来一次。"

克里弗德又做了一次尝试："抱歉，打扰你工作了。"

"这回差不多了，如果你能再来一次会更好，你能再试一次吗？"

当克里弗德第10次退出来时，他内心的喜悦和憧憬已消失殆尽，开始有些恼火，心想，进门打招呼哪有这么多讲究？这哪是招聘面试呀，分明是刁难戏弄人。

克里弗德生气地转身离开，可刚走几步又停了下来，不行，我不能就这样逃开，即使公司不打算聘用我，也得听到他们当面对我说。于是，克里弗德稍稍地舒了一口气，第11次敲响了门。这次，他得到的不是拒绝，而是热烈欢迎的掌声。克里弗德没有想到，第11次敲门，叩开的竟是一扇成功之门。

原来，通用公司此次是打算招聘一名市场调查员。而一名优秀的市场调查员，不仅要具备学识素质，更要具备耐心和毅力等心理素质。第11次敲门和问候就是考查一个人心理素质的考题。

涓涓心语

在这个世界上没有轻而易举可以做到的事,成功者不过是比那些失败者多试了一次。再试一次,就意味着再给自己一次机会。挫败是成功的垫脚石。遭受挫折的次数越多,你就越接近成功。

卖陶瓷的商人:过程比结果更重要

从前,有三个卖陶瓷的商人各推着一车陶瓷用具去做买卖,不久,他们来到一座陡峭的大山脚下,山路全都是羊肠小道,路的一边是高不可攀的山壁,另一边是深不可测的沟壑,地势非常险峻。第一个人刚刚推上一段斜坡,一不小心,就把一车用具打翻了,所有的东西都打碎了。

第二个人运气比较好一点,他推上了半山腰,但碰到一条突出来的树根,车子一翻,同样没有剩下一个完好的器皿。

第三个人费尽千辛万苦,终于推到了山头,却在喘了一口气之后,一不留神,车子滑了下去,全部用品都倒在地上,没有留下一个不破的。

三车器皿都打碎了之后,三个人便坐在山顶上,就这样谈起来了:"说到爬山的本领,自然是我最差,但我省下了许多力气呀!这是我占便宜的地方!"第一个人说。

"我恰好花了一半的力气,却也爬上了半山腰,所以我也没有吃什么亏!"第二个人说。

"只有我是爬到了山顶,我的成就最大!"第三个人说。

一个路过的老人听到他们的谈话,帮他们下了一个结论:"你们各人都有不同的优点和长处,虽然结果都是一样的,但努力的过程是值得肯定的。"这三个人得到老人的鼓励,就快快乐乐地推着空车回去,准备重新来过。

涓涓心语

过程比结果更重要。很多人只看到失败，却看不到过程中的努力。其实，无论是成功的结果还是努力的过程，都是极为珍贵的，都是值得纪念和喝彩的。

妈妈的答案：永远不要气馁

有一个孩子想不明白自己的同桌为什么每次都能考第一，而自己每次却只能排在他的后面。

回家后他问道："妈妈，我是不是比别人笨？我觉得我和他一样听老师的话，一样认真地做作业，可是，为什么我总比他落后？"妈妈听了儿子的话，感觉到儿子开始有自尊心了，而这种自尊心正在被学校的排名伤害着。她望着儿子，没有回答，因为她不知该怎样回答。

又一次考试后，孩子考了第 20 名，而他的同桌还是第一名。回家后，儿子又问了同样的问题。她真想说，人的智力确实有高低之分，考第一的人，脑子就是比一般人的灵。然而这样的回答，难道是孩子真想知道的答案吗？她庆幸自己没说出口。

应该怎样回答儿子的问题呢？有几次，她真想重复那几句被上万个父母重复了上万次的话——你太贪玩了；你在学习上还不够勤奋；和别人比起来还不够努力……以此来搪塞儿子。然而，像她儿子这样脑袋不够聪明、在班上成绩不甚突出的孩子，平时活得还不够辛苦吗？所以她没有那么做，她想为儿子的问题找到一个完美的答案。

儿子小学毕业了，虽然他比过去更加刻苦，但依然没赶上他的同桌，不过与过去相比，他的成绩一直在提高。为了对儿子的进步表示赞赏，她带他去看了一次大海。就是在这次旅行中，这位母亲回答了儿子的问题。

母亲和儿子坐在沙滩上，她指着海面对儿子说："你看那些在海边争

食的鸟儿,当海浪打来的时候,小灰雀总能迅速地起飞,它们拍打两三下翅膀就升入了天空;而海鸥总显得非常笨拙,它们从沙滩飞向天空总要很长时间,然而,真正能飞越大海横过大洋的正是它们。"

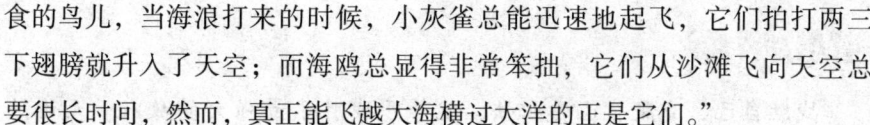

人的成长是一个漫长的较量,能否取得最后的胜利,不在于一时的快慢。如果你能够在自己成长的道路上静下心来,遇到困难不气馁、不灰心,矢志不移地前进,那么最终你必将获得最后的胜利。

芬妮学游泳:战胜自己

有一次,漂亮的芬妮坐在游泳池旁边的长凳上,看着朋友们在水中嬉戏,感到既羡慕,又失落。朋友们都劝她下水,她只好告诉他们,自己怕水,所以不想下水。朋友们笑着怂恿她:"不要因为怕水,你就永远不去游泳……"

阳光洒在他们水滑滑、光亮亮的肌肤上,他们像海豚一样骄傲地嬉戏着,而芬妮其实并不想躲在没有阳光的阴影里看着他们快乐。她觉得自己胆子太小。

一个月后,朋友邀芬妮到一个温泉度假中心,她鼓足勇气下水了。

芬妮发现自己并非想象中那么无能,但她不敢游到水深的地方。

"试试看,"朋友和蔼地对她说,"让自己灭顶,看会不会沉下去!"

"你说什么?"芬妮还以为这个游泳高手故意开玩笑。

芬妮试了一下。朋友说得没错,在我们意识清明的状态下,想要沉下去、摸到池底还真的不可能。真是奇妙的体验!

"看,你根本淹不死。沉不下去,为什么要害怕呢?"

芬妮上了一课,若有所悟。从那一天起,她不再怕水,她也渐渐地喜欢上了在水中的畅游乐趣。

涓涓心语

战胜自己，克服自己的胆怯，就等于战胜了最强大的敌人。无论做什么事情，我们都应当勇敢地面对挑战，只有不断地挑战自我，超越自我，才能成为最强的自己。

"不可能"先生的葬礼：
只要努力，一切皆有可能

贝勒夫人是英国一座乡村中学的文学教师，她性情活泼、和蔼可亲，深受学生爱戴。

有一天，她为学生们带来了别开生面的一节课。她让学生们在纸上写出自己不能做到的事。所有的学生都全神贯注地埋头在纸上写着。一个十岁的女孩，她在纸上写到，"我无法完整地背出太长的课文""我不会骑脚踏车""我不知道怎样才能让别人喜欢我"等。她已经写完了半张纸，但她却丝毫没有停下来的意思，仍然认真地继续写着。

每个学生都很认真地在纸上写下了一些句子，述说着他们做不到的事情。

贝勒夫人也正忙着在纸上写着她不能做到的事情，像"我不知道如何才能让孩子的家长都来""我不知道怎样帮助玛丽提高她对数学的兴趣"等。

大约过了10分钟，大部分学生已经写满了一整张纸，有的已经开始写第二张了。

"同学们，写完一张纸就行了，不要再写了。"这时，贝勒夫人用她那习惯的语调宣布了这项活动的结束。学生们按照她的指示，把写满了他们认为自己做不到的事情的纸对折好，然后按顺序依次来到老师的讲台前，把纸投进一个空的鞋盒里。

等所有学生的纸都投完以后，贝勒夫人把自己的纸也投了进去。然后，她把盒子盖上，夹在腋下，领着学生走出教室，沿着走廊向前走。

走着走着，队伍停了下来。贝勒夫人走进杂物室，找了一把铁锹。然后，她一只手拿着鞋盒，另一只手拿着铁锹，带着大家来到运动场最边远的角落里，开始挖起坑来。

学生们你一锹我一锹地轮流挖着，10分钟后，一个3英尺深的洞就挖好了。他们把盒子放进去，然后又用泥土把盒子完全覆盖上。这样，每个人的所有"不能做到"的事情都被深深地埋在了这个"墓穴"里，埋在了3英尺深的泥土下面。

这时，贝勒夫人注视着围绕在这块小小的"墓地"周围的31个十多岁的孩子们，神情严肃地说："孩子们，现在请你们手拉着手，低下头，我们准备默哀。"

学生们很快地互相拉着手，在"墓地"周围围成了一个圆圈，然后都低下头来静静地等待着。

"朋友们，今天我很荣幸能够邀请到你们前来参加'我不能'先生的葬礼。"贝勒夫人庄重地念着悼词，"'我不能'先生在世的时候，曾经与我们的生命朝夕相处，您影响着、改变着我们每一个人的生活，有时甚至比任何人对我们的影响都要深刻得多。您的名字几乎每天都要出现在各种场合。当然，这对于我们来说是非常不幸的。"

"现在，我们已经把您安葬在了这里，并且为您立下了墓碑，刻上了墓志铭。希望您能够安息。同时，我们更希望您的兄弟姊妹'我可以''我愿意'，还有'我立刻就去做'等能够继承您的事业。虽然他们不如您的名气大，没有您的影响力强，但是他们会对我们每一个人、对全世界产生更加积极的影响。"

"愿'我不能'先生安息吧，也祝愿我们每一个人都能够振奋精神，勇往直前！阿门！"

接下来，贝勒夫人带着学生又回到了教室。大家一起吃着饼干、爆米花，喝着果汁，庆祝他们越过了"我不能"这个心结。作为庆祝的一部分，贝勒夫人还用纸剪成一个墓碑，上面写着"我不能"，中间则写上

"安息吧",下面写着这天的日期。

贝勒夫人把这个纸墓碑挂在教室里。每当有学生无意说"我不能"时,她只要指着这个象征死亡的标志,孩子们便会想起"我不能"先生已经死了,进而积极地去想解决方法。

涓涓心语

面对生活中的困境,很多人都被"不可能"这三个字困禁着,不敢正视,现实中的困难和挑战,导致自身的潜能不能得到充分的发挥。面对问题,我们不妨试着把自己的"我不能"埋进坟墓,以一个积极的心态来面对一切,这样很多困难就可以迎刃而解。

艾森豪威尔的童年:学会勇敢

美国总统艾森豪威尔小时候有过这样一段经历:5 岁的时候,有一次去叔叔家玩。叔叔的房子后面养了一对大鹅,结果公鹅一见他就一边怪叫着一边向他扑来。他哪里受得了这种恐吓!于是他拼命跑开,向大人哭诉。

受了几次惊吓后,父亲找了个旧扫帚交给他,然后指着大鹅对他说:"你一定能战胜它!"

当鹅再次向他冲来时,他手里拿着扫帚,浑身不住地颤抖。猛然间,他鼓足勇气大吼一声,挥起扫帚向鹅冲去。鹅掉头便跑,他紧追不舍,最后狠狠地给了鹅一下,鹅惨叫着逃跑了。从那以后,鹅只要一见他,就会远远地躲开。

从此,他懂得了一个道理:只要勇敢迎战,就能战胜对手。

有一段时间,他每天放学回家的时候,都被一个与他年龄相仿、粗壮好斗的男孩追赶。一天,这一幕正好被他父亲看见,于是冲他大喊:"你为什么容忍那小子追得你满街跑?去把那小子给我赶走!"

于是，他不得不停下来，面对自己很怕的对手。他开始猛烈的反击，这一招立刻把对手吓住了，慌忙夺路而逃。艾森豪威尔顿时勇气大增，一把将对手抓住，正言厉色地警告他："如果你再敢找我的麻烦，我就每天打你一顿。"

通过这件事，他进一步悟出一个道理：别看有些人耀武扬威，其实不过是外强中干，唬人而已。

涓涓心语

在生活中，我们经常会犯这样的错误：还没有真正与问题接触，就将其无端放大，以至于很快心生恐惧，一味逃避，最终自己将自己打败。事实上，很多问题和困难并不像我们想象的那么严重，只要我们敢于直接面对它，很多问题就会不攻自破。

法拉第求职：摆脱恐惧的枷锁

英国皇家学会要为大名鼎鼎的琼斯教授选拔科研助手，这个消息让年轻的装订工人法拉第激动不已，赶忙到规定地点去报了名。但临近选拔考试的前一天，法拉第却被意外地告知，取消他的考试资格，因为他是一个普通工人。

法拉第愣了，他气愤地赶到选拔委员会去理论，但委员们傲慢地嘲笑说："没有办法，一个普通的装订工人想到皇家学院来，除非你能得到琼斯教授的同意！"法拉第犹豫了。如果不能见到琼斯教授，自己就没有机会参加选拔考试。但一个普通的书籍装订工人要想拜见大名鼎鼎的皇家学院教授，他会理睬吗？

法拉第顾虑重重，但为了自己的人生梦想，他还是鼓足了勇气站到了琼斯教授的大门口。教授家的门紧闭着，法拉第在门前徘徊了很久。

终于，教授家的大门，被一颗胆怯的心叩响了。

院里没有声响，当法拉第准备第二次叩门的时候，门却"吱呀"一声开了。一位面色红润、须发皆白、精神矍铄的老者正注视着法拉第，"门没有锁，请你进来。"老者微笑着对法拉第说。

"教授家的大门整天都不锁吗？"法拉第疑惑地问。

"干吗要锁上呢？"老者笑着说，"当你把别人关在门外的时候，也就把自己关在了屋里。我才不当这样的傻瓜呢。"这位老者就是琼斯教授。他将法拉第带到屋里坐下，聆听了这个年轻人的叙说后，写了一张纸条递给法拉第："年轻人，你带着这张纸条去，告诉委员会的那帮人说我已经同意了。"

经过严格而激烈的选拔考试，书籍装订工法拉第出人意料地成了琼斯教授的科研助手，走进了英国皇家学院那高贵而华美的大门。

涓涓心语

恐惧是每个人在自己的成长过程中都会遇到的现象，它常常会限制一个人的自主性，减少生活的欢乐，妨碍个人的成长。因此，一个心理健全的青年应当摆脱恐惧的枷锁，以年轻人应有的血气和胆量去面对任何艰难危险的事情，努力去做最好的自己。

魔术师打不开的锁：不要过分依赖自己的经验

魔术师乔尼有一手绝活，他能在极短的时间内打开无论多么复杂的锁，从未失手。他曾为自己定下一个富有挑战性的目标：要在60分钟之内，从任何锁中挣脱出来，条件是让他穿着特制的衣服进去，并且不能有人在旁边观看。

有一个英国小镇的居民，决定向伟大的魔术师乔尼挑战，有意给他难堪。他们特别打制了一个坚固的铁牢，配上一把看上去非常复杂的锁，请乔尼来看看能否从这里出去。

乔尼接受了这个挑战。他穿上特制的衣服，走进铁牢中，牢门哐啷一声关了起来，大家遵守规则转过身去不看他工作。乔尼从衣服中取出自己特制的工具，开始工作。

30分钟过去了，乔尼用耳朵紧贴着锁，专注地工作着；45分钟过去了，1个小时过去了，乔尼头上开始冒汗；2个小时过去了，乔尼始终听不到期待中的锁簧弹开的声音。他筋疲力尽地将身体靠在门上坐下来，结果牢门却顺势而开，原来，牢门根本没有上锁，那把看似很厉害的锁只是个样子。

小镇居民成功地捉弄了这位逃生专家，门没有上锁，自然也就无法开锁，但乔尼心中的门却上了锁。

涓涓心语

经验有时候会成为困扰我们进步的枷锁，很多先入为主的想法往往会束缚我们的思想和行动，因此，在做任何事情之前，我们都要提醒自己千万不要先把自己的心给锁上了。

敢于尝试的王子：推走心灵的巨石

有一个国王决定从他的十位王子中选一位做继承人。他私下吩咐一位大臣在一条两旁临水的大道上放置了一块"巨石"，想要通过这条路，都得面临这块"巨石"，要么把它推开，要么爬过去，要么绕过去。然后，国王吩咐王子先后通过那条大路，分别把一封密信尽快送到一位大臣手里。王子们很快就完成了任务。国王开始询问王子们："你们是怎么把信送到的？"

一个说："我是爬过那块巨石的。"一个说："我是划船过去的。"也有的说："我是从水里游过去的。"

只有小王子说："我是从大路上跑过去的。"

"难道巨石没有拦你的路？"国王问。

"我用手使劲一推，它就滚到河里去了。"

"这么大的石头，你怎么想到用手去推呢？"

"我不过是试了试，"小王子说，"谁知我一推，它就动了。"

原来，那块"巨石"是国王和大臣用很轻的材料仿造的。自然，这位善于尝试的王子继承了王位。

涓涓心语

很多时候，困难并不像我们想象的那么可怕，只要我们突破内心的恐惧，勇于尝试，再大的困难也会被我们"推走"。

老者的职场告别演说：勤勤恳恳地做好每一件事

有一位著名的推销员年事已高，不得不告别自己的职业生涯，应行业协会和社会各界的邀请，他在城内最大的一个剧院，做告别职业生涯的演说。

那天，会场座无虚席，人们在热切地、焦急地等待着，当代最伟大的推销员做精彩的演讲。当大幕徐徐拉开，舞台的正中央吊着一个巨大的铁球。为了这个铁球，台上搭起了高大的铁架。

一位老者在人们热烈的掌声中，走了出来，站在铁架的一边。他穿着一身崭新的运动服，站在舞台上微笑着。

人们惊奇地望着他，不知道他要做出什么举动。

这时两位工作人员，抬着一个大铁锤，放在老者的面前。主持人这时对观众讲：请两位身体强壮的人，到台上来。好多年轻人站起来，转眼间已有两名动作快的跑到台上。

老人这时开口和他们讲规则，请他们用这个大铁锤，去敲打那个吊着的铁球，直到把它荡起来。

一个年轻人抢着拿起铁锤，拉开架势，抡起大锤，全力向那吊着的铁球砸去，一声震耳的响声，那铁球动也没动。他就用大铁锤接二连三地砸向铁球，很快他就气喘吁吁了。

另一个人也不甘示弱，接过大铁锤把铁球打得叮当响，可是铁球仍旧一动不动。

台下逐渐没了呐喊声，观众好像认定那是没用的，就等着老人做出解释。

会场恢复了平静，老人从上衣口袋里掏出一个小锤，然后认真地，面对着那个巨大的铁球。他用小锤对着铁球"咚"敲了一下，然后停顿一下，再一次用小锤"咚"敲了一下。人们奇怪地看着，老人就那样"咚"敲一下，然后停顿一下，就这样持续地做。10分钟过去了，20分钟过去了，会场早已开始骚动，有的人干脆叫骂起来，人们用各种声音和动作发泄着他们的不满。老人仍然一小锤一小锤不停地工作着，他好像根本没有听见人们在喊叫什么。人们开始愤然离去，会场上出现了大块大块的空缺。留下来的人们好像也喊累了，会场渐渐地安静下来。

就在老人敲了将近一个小时之后，坐在前面的一个小孩突然叫了起来："球动了！"霎时间会场立即鸦雀无声，人们聚精会神地看着那个铁球。那球以很小的幅度动了起来，不仔细看很难察觉。老人仍旧一小锤一小锤地敲着，人们好像都听到了那小锤敲打铁球的声响。铁球在老人一锤一锤的敲打中越荡越高，它拉动着那个铁架子"哐哐"作响，它的巨大威力强烈地震撼着在场的每一个人。终于场上爆发出一阵阵热烈的掌声，在掌声中，老人转过身来，慢慢地把那把小锤揣进兜里。

渭渭心语

成功，就是将简单的事重复地做。不要异想天开，也不能知难而退，踏踏实实、勤勤恳恳地做好每件事，你就能够摆脱浮躁，赢得胜利。

蜘蛛人的非常之举：再大的困难也可以克服

1983年，布森·哈姆徒手攀壁，登上纽约的帝国大厦，在创造了吉尼斯纪录的同时，也赢得了"蜘蛛人"的称号。

美国恐高症康复联席会得知这一消息，致电"蜘蛛人"哈姆，打算聘请他做康复协会的顾问。

哈姆接到聘书，打电话给联席会主席约翰逊，要他查一查第1042号会员，约翰逊很快就找到了1042号会员的个人资料，他的名字正是布森·哈姆。原来他们要聘做顾问的这位"蜘蛛人"，本身就是一位恐高症患者。

约翰逊对此大为惊讶。一个站在一楼阳台上都心跳加快的人，竟然能徒手攀上四百多米高的大楼，他决定亲自去拜访一下布森·哈姆。

约翰逊来到费城郊外的布森住所。这儿正在举行一个庆祝会，十几名记者正围着一位老太太拍照采访。

原来布森·哈姆94岁的曾祖母听说他创造了吉尼斯纪录。特意从100公里外的家乡徒步赶来，她想以这一行动，为哈姆的纪录添彩。

谁知这一异想天开的做法，无意间竟创造了一个老人徒步百里的世界纪录。

有一位记者问她，当你打算徒步而来的时候，你是否因年龄关系而动摇过？

老太太精神矍铄，说，小伙子，打算一口气跑一百公里也许需要勇气，但是走一步路是不需要勇气的，只要你走一步，接着再走一步，然后一步再一步，一百公里也就走完了。

恐高症康复联席会主席约翰逊站在一旁，一下明白了哈姆登上帝国大厦的奥秘，原来他有向上攀登一步的勇气。

涓涓心语

面对困难，不要忘而却步，要有一步步向上攀登的勇气，一步步地坚持下去，再高的山，再远的路，都会被你征服。

从丑小鸭到白天鹅:用勇气挖掘内心的宝藏

1910年诺贝尔化学奖的获得者奥托·瓦拉赫曾是一个被认为是成才无望的"笨学生"。瓦拉赫在读中学时,父母为他选择了主修文学。不料一个学年结束以来,老师为他写下了如下的鉴定:"瓦拉赫很用功,但过分拘泥,这样的人即使有着完美的品德,也很难能在文学上有所作为。"

无奈之下,父母只好尊重儿子的意见,让他改学油画,可瓦拉赫既不善于构图,又不长于润色,对艺术的理解力也不够敏锐,成绩在班上是倒数第一,得到的评语更是令人难堪:"非常遗憾:你在绘画艺术方面所表现的素质令人失望,将来恐怕难有造诣。"

面对如此"笨拙"的学生,绝大部分老师认为他将难有作为。只有化学老师认为他做事一丝不苟、耐性专一,具备做好化学实验应有的品格,建议他试学化学。瓦拉赫接受了化学老师的建议,从此,瓦拉赫的潜能被激活了、智慧的火花迸发出耀眼的光芒。昔日同学眼中的"丑小鸭"终于变成了日后的"白天鹅"。

涓涓心语

和奥托·瓦拉赫一样,我们每个人身上都蕴含着一份特殊的才能,只要我们能够找准自己各自内心里的"宝藏",努力去挖掘,勇敢去尝试,那么,我们就能够取得令人称赞的成绩。

会弯曲的雪松:灵活应对生活中的不幸

在加拿大魁北克山麓,有一条南北走向的山谷,是一个著名的旅游景点。山谷的西坡长满松柏和女贞等树,东坡却只有雪松。

有一天,一对感情濒临破裂的夫妇,准备做一次长途旅行,以期重新找回昔日的爱情，两人约定：如能找回就继续生活，否则就分手。当他们来到那个山谷的时候，天下起了大雪。看着漫天的大雪飞舞，不经意间，他们发现由于特殊的风向，东坡的雪总比西坡的雪下得大而密。没多久，雪松上就落了厚厚的一层雪。可是，每当雪落到一定程度时，雪松那富有弹性的枝丫就会弯曲，使雪滑落下来。就这样，反复地积雪，反复地弯曲，反复地滑落，无论雪下得多大，雪松始终完好无损。其他的树则由于不能弯曲而很快就被压断了。西坡的雪下得很小，但不少树还是受到了损害。

看到这一切，妻子若有所悟，对丈夫说："东坡肯定也长过其他的树，只不过由于不会弯曲而被大雪摧毁了。"丈夫点头之际，两个人似乎同时恍然大悟，丈夫兴奋地说："对于外界的压力，要尽可能去承受，在承受不了的时候，只要像雪松一样弯曲一下，这样就不会被压垮。"

瞬间，两人仿佛都在心中悟到了什么，一下子紧紧地抱在了一起。

滑滑心语

"弓满易折，月满易亏"，对待人生中的挫折和不幸，我们要学会灵活和变通地应对，这样才能保全自己的实力。

喜欢说闲话的女孩：学会克制自己的言行

圣菲亚斯是16世纪深受爱戴的罗马牧师。无论是贵族还是平民，大家都很喜欢跟随他的左右，因为他是那么富于智慧而且善解人意。

有一次，一位年轻的女孩来到圣菲亚斯面前，向他倾诉自己的苦恼。其实女孩心地不坏，只是她常常说三道四，喜欢说些无聊的闲话。这些闲话传出去后，往往会给别人造成许多伤害。久而久之，人们都远离她了。没有朋友，她觉得很孤独。

圣菲亚斯对女孩说："你不应该谈论他人的缺点，我知道你也为此苦恼，现在我命令你要为此赎罪。你到市场上买一只母鸡，走出城镇后，沿路拔下鸡毛并四处散布。你要一刻不停地拔,直到拔完为止。你做完之后,就回到这里告诉我。"

女孩觉得这是非常奇怪的赎罪方式,但为了消除自己的烦恼,她没有任何异议。她买了鸡,走出城镇,并遵照吩咐拔下鸡毛。然后她回去找圣菲亚斯,告诉他自己按照他说的做了一切。

圣菲亚斯说:"你已完成了赎罪的第一部分,现在要进行第二部分。你必须回到你散布鸡毛的路上,捡起所有的鸡毛。"

女孩照做了,可在这时候,风已经把鸡毛吹得到处都是了。她只捡回了一些,但是无法捡回所有的鸡毛。

女孩回来说:"我没能捡回所有的鸡毛。"

圣菲亚斯说:"没错,我的孩子,你是无法捡回所有的鸡毛。你那些脱口而出的愚蠢话语不也是如此吗?你不也常常从口中吐出一些愚蠢的谣言吗?你有可能跟在它们后面,在你想收回的时候就收回吗?"

女孩说:"不能。"

"那么,当你想说些别人的闲话时,请闭上你的嘴,不要让这些邪恶的羽毛散落路旁。"圣菲亚斯说。

涓涓心语

在生活中我们要注意控制自己的言行和情绪。尤其在想谈论别人的缺点,想说别人的坏话时更应当注意克制自己,因为有些话一旦说出来,就好像扔出去的鸡毛一样,不是想收回就能收回的。

走出"旧我"的巷子:破除保守,改变自我

有一位年轻人对自己的生活现状很不满意,于是他决心向心理医生咨询,帮助自己改变这种现状。

他在一个巷子里找到了一家诊所,走进了医生的候诊室,发现里面

布置得很雅致，但没有接待护士。候诊室里有两扇门，一扇写着"男人"，另一扇写着"女人"。

他走进那扇写着"男人"的门，之后又遇到了两扇门。一扇写着"乐观"，另一扇则写着"保守"。他知道自己是个保守的人，于是那个年轻人走进了那扇写着"保守"的门。

结果，他发现自己来到了一个又有两扇门的房间。其中一扇写着"冒险改变"，另一扇写着"保留旧习"。他知道自己是难以割舍熟悉的一切的，所以他走进了写着"保留旧习"的那扇门。最后，他发现自己又回到了巷子里。

涓涓心语

外界社会是一个不断变化的世界。生活在这个社会中，如果一味地保守和不知改变，就会出现适应上的困难，产生种种心理问题。因此，面对日新月异，不断变化的外部世界，你需要不断改变自己的思想观念和行为方式，摆脱"旧我"，用新的思维方式和新的行动来面对自己的生活。

成功篇：不断进取，让梦想照进现实

洛奇的忠告：发现自我，走向成功

有一次，美孚石油公司董事长洛奇到一家分公司去视察工作，在卫生间里，看到一位小伙子正跪在地上擦洗黑污的水渍，并且每擦一下，就虔诚地叩一下头。洛奇感到很奇怪，问他为何如此？这位小伙子答道：我在感谢一位圣人。

洛奇问他为何要感谢那位圣人？小伙子说："是他帮助我找到了这份工作，让我终于有了饭吃。"

洛奇笑了，说："我曾经也遇到一位圣人，他使我成了美孚石油公司的董事长，你愿意见他一下吗？"小伙子说："我是个孤儿，从小靠别人养大，我一直都想报答养育过我的人。这位圣人若能使我吃饱之后，还有余钱，我很愿去拜访他。"

洛奇说："你一定知道，南非有一座高山，叫胡克山。据我所知，那上面住着一位圣人，能为人指点迷津，凡是遇到他的人都会前程似锦。10年前，我到南非登上过那座山，正巧遇上他，并得到他的指点。假如你愿意去拜访，我可以向你的经理说情，准你一个月的假。"

这位年轻的小伙子是个虔诚的教徒，很相信神的帮助，他谢过洛奇后就真的上路了。他风餐露宿，日夜兼程，最后终于到达了自己心中的圣地。然而，他在山顶徘徊了一天，除了自己，什么都没有遇到。

小伙子很失望地回来了。他见到洛奇后说的第一句话是："董事长先生，一路上我处处留意，但直至山顶，我发现，除我之外，根本没有什么圣人。"

洛奇说："你说得很对，除你之外，根本没有什么圣人。因为，你自己就是圣人。"

后来，这位小伙子成了美孚石油公司一家分公司的经理，有一次，在接受记者采访时，他向记者讲述了上面的故事，并补充了这么一句话：

"发现自己的那一天,就是人生成功的开始。任何人只要相信自己,就能够创造奇迹。"

涓涓心语

一个人唯一可靠的是自己,除了你自己,没有另外一个人可以带给你成功。你发现自己的那一天,就是你人生成功的开始。

董贤的悲剧:学会独立是成功的前提

西汉有一个叫董贤的人,他是一个美男子,为人聪明机巧,深得皇帝的宠爱。他柔顺聪明,先是太子的舍人,在建平四年,又进宫当了侍中,后来做到了大司马。

当时的皇帝很宠爱他,甚至拜他为黄门郎、大司马,并与他同起同座,同睡在龙榻上。他妹妹当了妃子,父亲董恭做了少府,一家富贵,震动朝廷。权力和皇帝几乎相等。他有一次和皇帝一起午睡,他歪压在皇帝的衣袖上,皇帝起床,董贤还没有醒,为了不惊动董贤,皇帝就把衣袖割了下来。

皇帝为他在北阙下修了一座大宅,穷尽了各种技巧,还把各种珍宝赐给他,都放到大宅中。元寿元年,司隶鲍宣上书说:"董贤本来跟皇上没有一点亲戚关系,只是凭美色和好言好语而往上爬,皇帝赏给他的太多了,竭尽了官府中的珍宝。海内的贡品,应该供养君主一人,现在却都进了董贤家里,这哪里是天意和民意!"皇帝看了这样的上书不理不睬,依然宠爱董贤。甚至有一天,皇帝在麒麟殿摆酒宴,平静地看着董贤,笑着说:"我想要效法尧让位给舜的方法,把皇帝让给你,你觉得怎么样?"

后来,皇帝驾崩了,董贤因罪被罢了官,当天他和妻子都自杀了。新皇帝怀疑他是诈死,就打开他的棺材送到牢房检查,验证以后就把棺材埋到牢房里,他的家产也被没收了。

董贤的悲剧,就是一棵"牵牛花"的悲剧,当大树枝叶茂盛的时候,它就依附着大树,高高在上。然而,当有朝一日,所依赖的大树倒了,它便遭到灭顶之灾,只会枯萎死去。

涓涓心语

青少年在成长过程中终究要独立面对自己的生活,如果一个人只知道一味地依附于外界的帮助,生活在别人的荫蔽之下,那么他永远也无法摆脱自己对社会和他人的依赖,这不仅不利于他今后融入社会,独立生活,而且还会为他的成长埋下心理隐患。

总统给弟弟的一封信:不要依赖别人

林肯总统有一个异姓兄弟名叫詹斯顿,他曾经是一个游手好闲、好吃懒做的人,经常写信向林肯借钱,林肯想了很多办法来教育他,下面是林肯写给詹斯顿的一封信:

亲爱的詹斯顿:

我想我现在不能答应你借钱的要求。每次我给你一点帮助,你就对我说,"我们现在可以相处得很好了。"但过不多久我发现你又没钱用了。你之所以这样,是因为你的行为上有缺点。这个缺点是什么,我想你是知道的。你不懒,但你毕竟是一个游手好闲的人。我怀疑自从上次见到你后,你是不是好好地劳动过一整天。你并不完全讨厌劳动,但你不肯多做。这仅仅是因为你觉得从劳动中得不到什么东西。

这种无所事事浪费时间的习惯正是整个困难之所在。这对你是有害的,对你的孩子们也是不利的。你必须改掉这个习惯。以后他们还有更长的生活道路,养成良好习惯对他们更重要。他们从一开始就保持勤劳,这要比他们从懒惰习惯中改正过来容易。

现在，你的生活需要用钱，我的建议是，你应该去劳动。全力以赴地劳动而赚取报酬。

让父亲和孩子们照管你家里的事——备种、耕作。你去做事，尽可能地多挣些钱，或者还清你欠的债。为了保证你劳动有一个合理的优厚报酬，我答应从今天起到明年5月1日，你用自己的劳动每挣一美元或抵消一美元的债务，我愿另外给你一美元。

这样，如果你每月做工挣十美元，就可以从我这儿再得到十美元，那么你做工一月就净挣二十美元了。你可以明白，我并不是要你到圣·路易斯市去加利福尼亚的铅矿或金矿；我是要你就在家乡卡斯镇附近做你能找到的有最优厚待遇的工作。

如果你愿意这样做，不久你就会还清债务，而且你会养成一个不再负债的好习惯，这岂不更好？反之，如果我现在帮你还清了债，你明年又会照旧背上一大笔债。你说你几乎可以为七八十美元放弃你在天堂里的位置，那么你把你天堂里位置的价值看得太不值钱了，因为我相信如果你接受我的建议，工作四五个星期就能得到七八十美元。你说如果我把钱借给你，你就把地抵押给我，如果你还不了钱，就把土地的所有权交给我——简直是胡说！如果你现在有土地还活不下去，你没有土地又怎么过活呢？你一直对我很好，我也并不想对你刻薄。相反，如果你接受我的忠告，你会发现它对你比十个八十美元还有价值。

你的哥哥
林肯
1848年12月24日

涓涓心语

一个人应当学会在社会中自立，不能太依赖别人的帮助。依靠别人的帮助维持生活只能满足你的一时之需，但真正要在社会中生存下去，还是要靠你自己的力量。

不要只为面包祈祷：用自己的双手去换取成功

小克莱门斯的老师玛丽是一位虔诚的基督徒，每次上课之前，她都要领着孩子们进行祈祷。有一天，玛丽老师给孩子们讲解《圣经》，当讲到"祈祷，就会获得一切"的时候，小克莱门斯忍不住站了起来，他问道："如果我祈祷上帝，他会给我想要的东西吗？""是的，孩子，只要你愿意虔诚地祈祷，你就会得到你想要的东西。"

小克莱门斯当时梦想是得到一块很大很大的面包，因为他从来没有吃过那样诱人的面包。而他的同桌，一个金头发的小姑娘每天都会带着一块这么诱人的面包来到学校。她常常问小克莱门斯要不要尝一口，小克莱门斯每次都坚定地摇头，但他的心是痛苦的。

放学的时候，小克莱门斯对小姑娘说："明天我也会有一块大面包。"回到家后，小克莱门斯关起门，无比虔诚地进行祈祷，他相信上帝已经看见了自己的表情，上帝一定会被自己的诚心感动的！然而，第二天起床后，当他把手伸进书包的时候，除了一本破旧的课本什么也没有发现。他决定每天晚上坚持祈祷，一定要等到面包降临。

后来，金头发的小姑娘笑着问小克莱门斯："你的面包呢？"

小克莱门斯已经无法继续自己的祈祷了。他告诉小姑娘，上帝也许根本就没有看见自己在进行多么虔诚的祈祷，因为，每天肯定有无数的孩子都进行着这样的祈祷，而上帝只有一个，他怎么会忙得过来？小姑娘笑着说："原来祈祷的人都是为了一块面包，但一块面包用几个硬币就可以买到，人们为什么要花费这么多的时间去祈祷，而不是去赚钱买面包呢？"

小克莱门斯决定不再祈祷。他相信小姑娘所说的正是自己想要知道的——只有通过实际的工作来获得自己想要的东西。而祈祷，永远只能让你停留在等待中。小克莱门斯对自己说："我不要再为一件卑微的小东西祈祷了。"他带着对生活的坚定信心走向了新的道路。

多年以后，小克莱门斯长大成人，当他用笔名马克·吐温发表作品的时候，他已经是一名勤奋而且多产的作家了。他再没有祈祷上帝，因为在无数个艰难的日子中，他都记着：不要为卑微的东西祈祷！只有自己通过努力和辛勤的汗水换来的收获才是最真实的。

滑滑心语

生活中不要把希望寄托在别人和上帝身上，只有相信自己，依靠自己，用自己的努力和双手去换取生活，才是最真实的人生。

大力神与车夫：开动脑筋，解决困难

从前，有一个农夫驾着一辆满载干草的车子走在乡间的路上，没想到却陷进了泥坑里。在乡下的田野上，会有谁来帮这个可怜人的忙呢？这完全是命运之神有意惹人发怒而安排的。

车子陷入泥坑让农夫大为恼火，他骂泥坑，骂马，又骂车子和自己。无奈之中，他只得向举世无双的大力神求救。

"尊敬的大力神，"车夫恳求道，"请你帮帮忙，你的背能扛起天，把我的车从泥坑中推出来对你来说应该是举手之劳。"

刚祈祷完，车夫就听到大力神在云端发话了："神要人们自己先动脑筋、想办法，然后才会给予帮助。你先看看，你的车困在泥坑里究竟是什么原因？为什么会陷入泥坑？拿起锄头铲除车轮周围的泥浆和烂泥，把碍事的石子都砸碎，把车辙填平，你不自己尝试一下怎么行呢？"

过了一会儿，大力神问车夫："你干完了吗？"

"是的，干完了。"车夫说。

"那很好，我来帮助你。"大力神说，"拿起你的鞭子。"

"我拿起来了……这是怎么回事？我的车走得很轻松！大力神赫拉克

勒斯，你真行！"

这时神发话说："你瞧，你的马车很便当地就离开了泥坑，遇到困难，要先自己动脑筋想办法解决，老天才会帮你一把的。"

滑滑心语

遇到问题，不要抱怨，不要依赖于别人，自己积极地动脑筋，想办法，一切都会迎刃而解的。

三只青蛙：冷静而积极地想办法

有三只青蛙不小心掉进了一个鲜奶桶中。

第一只青蛙说："我的命真苦，好端端地掉进牛奶里，上帝对我太不公平了。"然后它就盘起后腿，一动不动等待着死亡的降临。

第二只青蛙说："桶太深了，凭我的跳跃能力，是不可能跳出去了，只好等死吧。"它本能地试着挣扎了几下，感觉到一切都是徒劳的，于是，在绝望之中沉入桶底淹死了。

第三只青蛙环顾了一下四周说："真是不幸！但我的后腿还有劲，如果我能找到垫脚的东西，就可以跳出这可怕的木桶！"

但是，桶里只有滑滑的牛奶，根本没有什么可支撑的东西，虽然它拼命地挣扎，但是一脚踏空，落入黏糊糊的牛奶中。它也曾经想放弃，像它的同伴一样安静地躺在桶底，但是，一种求生的欲望支撑着它，一次又一次地跳起来……慢慢地，它感觉到下面的牛奶慢慢变硬了，原来在它拼命跳跃的搅拌下，鲜奶变成了奶油块。在奶油块的支撑下，这只青蛙奋力一跃，终于跳出了鲜奶桶。

滑滑心语

天无绝人之路。身处危险中，只有冷静而积极地想办法才是唯一的出路，如果遇到危险不采取积极的解救办法，那只能是死路一条。

蛹：解决问题得靠自己

有一个男孩在草地上发现了一个蛹。他把蛹捡起来带回家，要看看蛹是怎样孵化为蝴蝶的。

过了几天，蛹上出现了一个小裂缝，里面的蝴蝶挣扎了好几个小时，身体似乎被卡住了，一直出不来。

小孩子看着于心不忍，于是他拿起剪刀把蛹剪开帮助蝴蝶脱蛹而出。可是这只蝴蝶的身躯臃肿，翅膀干瘪，根本飞不起来，不久就死去了。

滑滑心语

人生是一个大舞台，主角永远都是我们自己，再大的困难，都是我们自己的事，因为别人无法代替我们成长，别人可以给我们同情和安慰，但解决实际问题依然还是要靠我们自己。

猫的礼物：练就一身好本领

从前，老虎并不像现在这样威风，相反他是所有动物中最弱小的一个。因为捕捉不到动物，常常是饥一顿，饱一顿。

于是，狮王把所有的小动物都召集起来说："老虎是我们中的一员，我们不能眼睁睁地看着他饿肚子而不管不问。我建议，大家都伸出友谊之手，拉他一把，帮他渡过难关。"

于是，动物们都给老虎送去了好吃的东西，唯有猫什么东西也没有送。

狮王不高兴地对猫说:"大家都为老虎送了东西,你怎么什么都不送呢?"

猫说:"你们送给他的东西虽然很多,但总有一天会吃完的,我要送给他一件永远吃不完的礼物。"

狮王不屑地说:"算了吧,你除能送几只老鼠外,还能送什么呢?"

猫回答说:"以后你会看到的。"

几个月以后,狮王又来到老虎家。好家伙!老虎家里里外外到处都挂着好吃的东西。

狮王问:"这些东西都是猫送的?"

"不,"老虎说,"他送的礼物要比这些东西贵重千万倍!"

狮王好奇地问:"那究竟是什么东西?"

老虎说:"他教我练壮了身体,又教我学会了捕食的本领。"

"噢!"狮王从头到尾把老虎打量了一番说,"难怪你那么崇拜他呢,连衣服也和他穿得一模一样!"

渭渭心语

再多的好东西都比不上一身本领。要想在社会上立足,就要摆脱依赖他人的想法,不断提高自身的能力,练就一身谋生的好本领。

炼金术:脚踏实地才能成功

很久以前,有一个叫汉克的年轻人,一心想成为一个富翁。他觉得成为富翁的捷径便是学会炼金之术。

因此,他把自己所有时间、金钱和精力都花在寻找炼金术这件事情上。很快他就花光了自己的全部积蓄,家中也因此变得一贫如洗,连饭都没得吃了。妻子无奈,跑到父亲那里诉苦。她父亲决定帮女婿改掉恶习。

于是他叫来汉克并对他说:"我已经掌握了炼金之术,只是现在还缺少一样炼金的东西……"

"快告诉我还缺少什么?"汉克急切地问道。

"那好吧,我可以让你知道这个秘密。我需要三公斤香蕉叶的白色绒毛。这些绒毛必须是你自己种的香蕉树上的。等到收齐绒毛后,我便告诉你炼金的方法。"汉克回家后立刻将已荒废多年的田地种上了香蕉。为了尽快凑齐绒毛,他除了种以前就有的自家的田地外,还开垦了大量的荒地。当香蕉长熟后,他便小心地从每张香蕉叶下刮收白绒毛。而他的妻子和儿女则抬着一串串香蕉到市场上去卖。就这样,十年过去了。汉克终于收集够了三公斤绒毛。这天,他一脸兴奋地拿着绒毛来到岳父的家里,向岳父讨要炼金之术。

岳父指着院中的一间房子说:"现在你把那边的房门打开看看。"

汉克打开了那扇门,立即看到满屋金光,竟全是黄金,她的妻子儿女都站在屋中。妻子告诉他这些金子都是他这十年里所种的香蕉换来的。面对着满屋实实在在的黄金,汉克恍然大悟。

涓涓心语

真正的成功没有秘诀。只有脚踏实地,靠自己的双手辛勤劳动,才能够为自己赢得成功。

哈默的尊严:拒绝施舍,靠努力获取成功

一年冬天,美国加州的一个小镇上来了一群逃难的流亡者。长途的奔波使他们一个个满脸风尘,疲惫不堪。善良好客的当地人家家生火做饭,款待这群逃难者。镇长约翰给一批又一批的流亡者送去粥食,这些流亡者,显然已好多天没有吃到这么好的食物了,他们接到东西,个个狼吞虎咽,连一句感谢的话也来不及说。

只有一个年轻人例外，当约翰镇长把食物送到他面前时，这个骨瘦如柴、饥肠辘辘的年轻人问："先生，吃您这么多东西，你有什么活儿需要我做吗？"约翰镇长想，给一个流亡者一顿果腹的饭食，每一个善良的人都会这么做。于是，他说："不，我没有什么活儿需要您来做。"

这个年轻人听了约翰镇长的话之后显得很失望，他说："先生，那我便不能随便吃您的东西，我不能没有经过劳动，便平白得到这些东西。"约翰镇长想了想又说："我想起来了，我家确实有一些活儿需要你帮忙。不过，等你吃过饭后，我就给你派活儿。"

"不，我现在就做活儿，等做完您的活儿，我再吃这些东西。"那个青年站起来。约翰镇长十分赞赏地望着这个年轻人，但他知道这个年轻人已经两天没有吃东西了，又走了这么远的路，可是不给他做些活儿，他是不会吃下这些东西的。约翰镇长思忖片刻说："小伙子，你愿意为我捶背吗？"那个年轻人便十分认真地给他捶背。捶了几分钟约翰镇长便站起来说："好了，小伙子，你捶得棒极了。"说完遂将食物递给年轻人，他这才狼吞虎咽地吃起来。约翰镇长微笑着注视着青年说："小伙子，我的庄园太需要人手了，如果你愿意留下来的话，那我就太高兴了。"

那个年轻人留了下来，并很快成为约翰镇长庄园的一把好手。两年后，约翰镇长把自己的女儿詹妮许配给了他，并且对女儿说："别看他现在一无所有，可他将来百分之百是个富翁，因为他有尊严！"

果然不出所料，20多年后，那个年轻人真的成为亿万富翁了，他就是赫赫有名的美国石油大王哈默。哈默穷困潦倒之际仍然有自尊、自立的精神，赢得了别人的尊敬和欣赏，也为自己带来了好运。

涓涓心语

一个人只有自立才能为自己赢得尊严。一个在穷困中仍然能够保持自立精神，不依靠别人的施舍生活的人，最终必将获得人生的成功。

沙漠与小河：适应外界变化才能成功

有一条小河从遥远的高山上流下来，流过了很多个村庄与森林，最后它来到了一个沙漠。它想：我已经越过了重重的障碍，这次应该也可以越过这个沙漠吧！当它决定越过这个沙漠的时候，它发现它的河水渐渐消失在泥沙之中，它试了一次又一次，总是徒劳无功，于是，它灰心了。"也许这就是我的命运了，我永远也到不了传说中那片浩瀚的大海。"它颓废地自言自语。

这时候，四周响起了一阵低沉的话语："如果微风可以跨越沙漠，那么河流也可以。"原来这是沙漠发出的声音。

小河流很不服气地回答说："微风可以飞过沙漠，可是我却不可以。"

"那是因为你坚持你原来的样子，所以你永远无法跨越这个沙漠。你必须让微风带着你飞过这个沙漠，到达你的目的地。你只要愿意放弃你现在的样子，让自己蒸发到微风中。"沙漠用它低沉的声音建议道。

这种建议超出了小河的想象，"放弃我现在的样子，然后消失在微风中？不！不！"小河流无法接受这样的事情，毕竟它从未有过这样的经验，叫它放弃自己现在的样子，那不等于是自我毁灭了吗？"我怎么知道这是真的？"小河流问道。

"微风可以把水气包含在它之中，然后飘过沙漠，等到了适当的地点，它就把这些水气释放出来，于是就变成了雨水。然后，这些雨水又会形成河流，继续向海渗去。"沙漠很有耐心地回答。

"那我还是原来的河流吗？"小河流问道。

"可以说是，也可以说不是。"沙漠回答，"不管你是一条河流或是看不见的水蒸气，你内在的本质从来没有改变。你之所以会坚持你是一条河流，那是因为你从来不知道自己内在的本质。"

此时小河流的心中，隐隐约约地想起了自己在变成河流之前，似乎

也是由微风带着自己，飞到内陆某座高山的半山腰，然后变成雨水落下，才变成今日的河流。于是，小河流终于鼓起勇气，投入微风张开的双臂，消失在微风之中，让微风带着它，奔向它生命中的归宿。

涓涓心语

生命是一个不断改变以适应外界变化的过程。只有不断地调整自己的心态，积极改变，才能战胜生活中的重重困难，顺利地走向成功。

飞翔的小毛虫：顺其自然，迎接挑战

一只小毛虫趴在一片嫩叶上，用好奇的目光打量着周围的世界：身边的昆虫有的飞，有的跳，有的唱，到处都是一派欢歌曼舞、生机勃勃的景象。只有它，可怜的小毛虫，被抛弃在旁，既不会跑，也不会飞。

小毛虫用尽全身力气，才能挪动一点点，当使劲从一片叶子爬到另一片叶子上时，自己觉得，就像是周游了整个世界。

尽管如此，它并不悲观失望，也不羡慕其他昆虫，它懂得：每个昆虫都有自己该做的事。它，一只小小的毛虫，应该学会吐纤细的银丝，为自己编织一间牢固的茧房。

小毛虫一刻也没有迟疑，尽心竭力地做着工作，临近期限的时候，把自己从头到脚裹进了温暖的茧子里。

"以后会怎么样？"与世隔绝的小毛虫问。

"一切都将变得美好。"小毛虫听到一个声音在回答，"要耐心些，以后你会明白的。"

时辰到了，它清醒过来，但它已不再是以前那只笨手笨脚的小毛虫，它灵巧地从茧子里挣脱出来，惊奇地发现自己身上生出一对轻盈的翅膀，上面布满色彩斑斓的花纹。它高兴地舞动了一下翅膀，竟像一团绒毛，从叶子上飘然而起。它飞啊飞，遨游在广阔的天地间。

涓涓心语

世界万物都在按着自身的规律在发展。我们的成长也是如此，因此，我们要顺其自然，迎接成长中的挑战，做好自己应该做的事情，以一种平静的心态接受自己人生中的重重考验，那么，总会有展翅高飞的那一天。

裁员：积极求变，适应社会

小林和小白毕业于同一所大学，在同一年进了同一家公司做文秘，那个时候，使用电脑办公并不多见。在她们那个单位，仅仅只有一台电脑。小林并没有把它当作一回事，认为只要自己的字写得漂亮，办公文稿写得好就够了。而小白却意识到了电脑在将来肯定会成为人们办公的主要工具，懂得电脑肯定就是掌握了一项技能。于是，在没有任何老师的指导下，买来了一些电脑书籍，自学起来。花了很长的一段时间才掌握了电脑的使用知识。

转眼之间，她们在这家企业工作了将近3年的时间。"竞争上岗"的风也吹到了她们企业。单位为了精简机构，小林和小白之间只能留下一个人。小林认为自己是百分之百不可能下岗的，因为自己不管从什么方面来说，都要比小白有优势。但是，事情往往出乎人的意料，企业留下的是小白而非小林。小林不服气地找到领导，领导只是问了一句话，小林便哑口无言了。

"如果，你懂得使用电脑的话，就让你留下来！"

涓涓心语

当今社会发展日新月异，要想让自己适应未来社会的发展，我们就应当时刻保持积极求变的心态，努力去提高和改善自己的能力和思想意识，只有这样才能确保自己不被社会所淘汰。

不变的是变化：调整自己，积极面对变化

芙妮18岁只身一人到加拿大留学的时候连一句英文都不会讲。在入境时，海关人员问她的行李包里有什么东西，她听不懂，也说不清楚，对方大为紧张，用许多先进仪器把她的行李探测了个仔细，才敢打开检查。就这样，她只身踏上加拿大的土地，一边学英语，一边在多伦多大学修读电脑课程。毕业后她跟随丈夫移居卡尔加利。

那时候，卡尔加利还是一个小城市，当时经济也不太好，芙妮很难找到一份正式的工作，于是，她就开始为一个私人雇主编写程序。但半年之后她前往雇主家中查询，发现雇主已人去楼空，过去几个月的工作完全白费，工资报酬自然没有拿到。

没有报酬的第一份工作成为了敲门砖。芙妮随后找到一个公司电脑部门的编程工作，后来也换过几家公司，经过多年的努力和经验积累，她做到了贝尔加拿大地区的副总裁。然而半个月前，在为贝尔公司工作了十多年后，她在机构重组中和其他20多位副总裁一同被请出大门。她坦然相告，这是她职业生涯中的一次巨变。她笑言：终于可以休一个长假了，好好调整身心。说到今后的打算，她把这次变更看作是新的机遇和挑战，去做一些自己真正喜欢做的事情。

这位在一般人眼中的成功女性，从一句英文都不会的留学生到加拿大最大的电话通信公司的副总裁，到现在和许多人一样重新面临职业和事业的选择，是不是可以给我们一些启示呢？

涓涓心语

现代社会唯一不变的就是变化，面对生活中的困难和变故，我们要调整好自己的心态，时刻以一个积极的心态面对生活中的改变。

眼镜：要想成功先要改变自己的内在

一天，一个年轻人走进了一家眼镜店，问售货员："戴上你的眼镜真的能够读书识字吗？"

售货员十分肯定地回答了他，并且帮助对方配好了一副眼镜。这个年轻人在戴上了眼镜之后，拿出了一张报纸，看了一会儿，十分生气地冲着售货员大声叫喊道："你为什么要骗我，为什么我戴上眼镜之后还是一个字都不认识。"

原来，这人是一个一字不识的文盲。

涓涓心语

改变要从改变自身素质做起，而不是外在形式的改变。一个目不识丁的人，哪怕是戴上世界上最好的眼镜，也不可能变得博学多才。

门：迅速找到解决问题的方案

有一天，一个年轻人从学校门口走出来，沿着街边漫步，突然，他看到了路边有一个开满了鲜花的园子，有一个老人正在给那些鲜花浇水。他便问那个老人自己是否能够进去看看。老人点了点头，告诉他门在什么地方。

这个年轻人来到门前，伸手推了推门，门没有开。便加了一点力气推去，门还是没有被推开。年轻人感到有些奇怪了，一次比一次用力，然而，遗憾的是门始终没有被推开。难道是门锁住了？他便绕回到刚才遇到老人的地方。

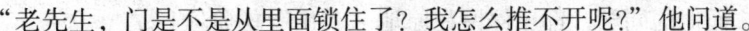

"老先生,门是不是从里面锁住了?我怎么推不开呢?"他问道。

"推?"正在给花浇水的老先生一愣,随即笑着说道:"年轻人,要想打开一扇门,并不是全部是推呀!有的是拉的!"

这个人再次来到了院门前,轻轻地一拉,门开了。

渭渭心语

一个人之所以成功,很多时候并不是看他是否勤奋和努力,更多时候是看他们能不能迅速地找到解决问题最轻松的方法。

唤山:调整自己,适应环境

有一位著名的经济学教授,凡是被他教过的学生,很少有顺利拿到学分的。原因就在于这位教授平时不苟言笑,教学古板,布置作业既多且难,学生们不是选择逃学,就是浑水摸鱼,宁可拿低分,也不愿和老师多接触。但这位教授可是国内首屈一指的经济学专家,叫得出名字的几位财经人才,都是他的得意门生。谁若是想在经济学这个领域内闯出一点儿名堂,首先得过了他这一关才行!

可是,有一天人们却发现这位教授身边紧跟着一名学生,两个人有说有笑,言谈甚欢。后来,就有人问那名学生说:"干吗对那种八股教授跟前跟后的巴结呀!你有一点儿骨气好不好!"那名学生回答:"你们听过穆罕默德唤山的故事吗?穆罕默德向群众宣称,他可以叫山移到他的面前来,等呼唤了三次之后,山仍然屹立不动,丝毫没有向他靠近半寸;然后,穆罕默德又说,山既然不过来,那我自己走过去好了!教授就好比是那座山,而我就好比是穆罕默德,既然教授不能顺从我想要的学习方式,只好我去适应教授的授课理念。反正,我的目的是学好经济学,是要入宝山取宝,宝山不过来,我当然是自己过去喽!"

这名学生,果然出类拔萃,毕业后没几年,就成为金融界响当当的人物，而他的同学，都还停留在原地"唤山"的阶段！

涓涓心语

与其报怨外界的环境不尽如人意，不如调整自己来适应外部的环境，当你经过尝试无法改变外部条件时，不妨看看自己能够做出什么改变。

拼图：换一种思路看问题

一天清晨，一个牧师正在家中准备第二天的布道词，他的小儿子约翰无所事事，烦躁不安，哭闹个不停。牧师随手抓起一本旧杂志，翻了翻，看见一张色彩鲜丽的世界地图。于是他把这一页撕下来，然后把它撕成小片，丢在客厅的地板上说：

"约翰，你把它拼起来，我就给你一块巧克力。"

牧师心想，他至少会忙上半天，自己也能安静地思考明天的布道词。谁知不到10分钟，儿子敲响了他书房的门，他已经拼好了。牧师十分惊讶，约翰居然这么快地拼好了。每一片纸头都拼在了它应在的位置上，整张地图又恢复了原状。

"约翰，你怎么这么快就拼好啦？"牧师问。

"噢，"约翰说，"很简单呀！这张地图的背面有一个人的图画。我先把一张纸放在下面，把人的图画放在上面拼起来，再放一张纸在拼好的图画上，然后翻过来就好了。我想，假使人拼得对，地图肯定拼得不错。"

涓涓心语

拿破仑·希尔说过一句很著名的话，"你对了，整个世界就对了。"换一种思路、换一种心态看问题，事情就会豁然开朗。

另类的风景：障碍也可以成为风景

在一次地震中，一块巨石从山上滑落，堵在了山脚下小村子通往村外的路上。

人们觉得它挡道，不喜欢这块巨石，便想办法要移走它。但是，巨石实在太大太重，几十名壮汉齐心协力也搬不动它。

有一天，一位道士云游至此。人们向他请教移石之法，道士看看巨石，摇头不语。人们很失望地走开了。

但是，第二天早上，有人发现巨石上出现两行字，像是斧凿雕刻的：横写大字——"镇村之宝"，竖写小字——"何处有障碍"。

那字刻得漂亮，笔力雄劲，气势非凡，加上巨石这个载体，更显得浑然一体，令人赏心悦目。

渐渐地，没人再想移开这块巨石了，它一直巍然屹立在村口，旁边种植一些花草，俨然成为一道风景了。

滑滑心语

什么事物都不是一成不变的，有时候如果你能够换一种心态看问题，障碍也可以成为风景。

贷款的犹太富翁：学会变通思考

一位犹太商人走进一家银行的营业厅。

"请问先生有什么事吗？"银行职员一边问，一边打量着来人的穿着：华贵的衣服、锃亮的皮鞋、昂贵的劳力士手表，还有镀金的领带夹子。

"我想借些钱。"

"借多少？"

"1美元。"

"1美元？"

"不错，可以吗？"

"当然可以，只要有担保，再少点也无妨。"

"好吧，这些担保可以吗？"

犹太商人说着，从他的皮包里取出一堆股票、国债等，放在经理的写字台上。

"够了吗？总共100万美元。"

"当然，当然！不过，你真的只要借1美元吗？"

"是的。"说着，犹在商人接过了1美元。

"年息为6%。只要您付出6%的利息，一年后归还，我们就可以把这些股票还给你。"

"谢谢。"

犹太商人说完，准备离开银行。

一直在旁边冷眼观看的贷款部经理，怎么也弄不明白拥有100万美元的人，会来银行借1美元这种事情。他问犹太商人说：

"我实在弄不清楚，你拥有100万美元，为什么只借1美元呢？要是你想借三四十万美元的话，我们也会很乐意的……"

"请不必为我操心。只是我来贵行之前，问过了几家金库，他们保险箱的租金都很昂贵，所以嘛，我就准备在贵行寄存这些股票。租金实在太便宜了，一年只需花6美分。"

涓涓心语

做事切忌脑筋太死，有时候学会变通思考，换一种思路看问题，你就会有好的发现、大的收获。

驴子的结论：要用发展的眼光来看事物

一只驴子身上背着沉沉的盐袋走在小路上。盛夏的阳光烤得它又累又热，突然眼前出现了一条小河，驴子走到河边喝了两口水，这才觉得有了些力气。它走下水准备过河，忽然看见河水清澈见底，几条小鱼在水底游来游去，形状各异的鹅卵石在河底看得清清楚楚，驴子只顾欣赏美景，一走神整个身体摔倒在小河里，幸亏河水不深，驴子赶紧站了起来，奇怪！它觉得背上的分量轻了不少，走起来再也不感到吃力了。

驴子很高兴，它总结出一条结论："看来，我得记住：在河里摔一跤，背上的东西便会轻许多！"

不久，又要运东西了，不过这次驴子驮的是棉花。前边又是那条小河了，驴子想起了上次那件开心的事情，心里真是高兴："背上的棉花虽说不重，可是路途遥远，再轻一些不是更好吗？"于是，它喝了几口水，向河里走去。到了河中心，它故意一滑，又摔倒在小河里。这次驴子可不着急，它故意慢腾腾地站了起来。哎呀，太可怕了，背上的棉花怎么变得这么重呀！可比那几个盐袋子还要沉好几倍呀！

滑滑心语

世界上没有一成不变的事物，也没有放之四海而皆准的真理。一次偶然的成功经验，并不能成为一生一世奉行的法则。要学会用变化发展的眼光看事物，具体问题具体分析。

珍妮的日记：没有什么不可以改变

有一天，珍妮整理旧物，偶然翻出几本过去的日记。

日记本的纸张有些发黄了，字迹透着年少时的稚嫩，她随手拿起一

本翻看。

"今天，老师公布了期末成绩，我万万没有想到，我竟然考了第五名，这是我入学以来第一次没有考第一，我难过地哭了，晚饭也没有吃，我要惩罚自己，永远记住这一天，这是我一生最大的失败和痛苦。"

看到这里，珍妮自己忍不住笑了，她已经记不得当时的情景了，也难怪，自离开学校后这十几年所经历的失败与痛苦，哪一个不比当年没有考第一更重呢？

翻过这一页，再继续往下看。

"今天，我非常难过，我不知道妈妈为什么那样做？她究竟是不是我的亲妈妈？我真想离开她，离开这个家。过几天就要选择大学了，我要申请其他州的大学，离家远远的，我走了以后再不回这个家！"

看到这，珍妮不禁有些惊讶，努力回忆当年，妈妈做了什么事让自己那么伤心难过，但是怎么想也想不起来。又翻了几页，都是些现在看来根本不算什么事，可是在当时却感到"非常难过""非常痛苦""非常难忘"。看了不觉好笑，珍妮放下这本又拿起另一本，翻开，只见扉页上写道："献给我最爱的人——你的爱，将伴我一生！我的爱，永远不会改变！"

看了这一句，珍妮的眼前模模糊糊地浮现出一个男孩的身影。曾经以为他就是自己生命的全部，可是离开校门以后，他们就没有再见面，她不知道他现在在哪儿，在做什么，她只知道他的爱没有伴自己一生，她的爱，也早已经改变。

涓涓心语

没有什么不可改变。失败可以转化为成功，痛苦可以转化为幸福的记忆。无论遭遇什么样的挫折和变故，我们都要以一个轻松、豁达的心态来看待。

保曼的面试：有时需要等一等

18岁的英格丽·保曼梦想成为一名备受瞩目的大明星，这一次，机会来了，她收到了皇家戏剧学校的面试通知。

进入考场后，英格丽·保曼一丝不苟地表演着精心准备的小品。但无意中朝评判席上的一瞥，使她大失所望。

她看到评判员们在漫不经心地聊天，说笑着，比划着，一点儿也没有在意她的表演。英格丽·保曼绝望了，甚至连后面的台词也忘掉了。

忽然，她听到一位评委说："好了，别浪费时间了，叫下一个……"英格丽·保曼脑海里一片空白，眼前的世界一下子模糊了。

她走到一条河边，想在那里结束自己的生命，但因为河水太脏，臭气熏天，最后动摇了。第二天，她收到了皇家戏剧学校的录取通知书。

若干年后，英格丽·保曼与那位评委邂逅。

说起当年的情景，那位评委立即瞪大了眼睛："真是天大的误会！那天你一上台，我们就一致认为你被选中了。你是那么自信，我们都很欣赏你的台风。我对另外几个评委说：'好了，别浪费时间了，叫下一个吧。'"

涓涓心语

事情往往并不像我们想象的那么糟，有时候我们只需要停下来，弄清事情的真相，我们就会发现原来是自己过于悲观，把事情想得太坏了。

士兵过河：趟过命运的冰河

有一座城池被敌军团团围住，情况十分危急。守城的将军派一名士兵去河对岸的另一座城市求援，假如救兵在明天中午赶不回来，这座城市就将失陷。很快，这名士兵就策马来到了河边，然而面对着冰冷的河水，士兵却不由地皱起了眉头。

平时渡口这里会有几只木船摆渡，但是由于兵荒马乱，船夫全都避难去了。本来他是可以游泳过去的，但是现在是冬天，河水太冷，河面太宽，而敌人的追兵随时可能出现。

他的头发都快愁白了，假如过不了河，不仅自己会当俘虏，就连城市也会落在敌人手里。万般无奈，他只得在河边静静地等待。这是一生中最难熬的一夜，他觉得自己都快要冻死了。

他真是四面楚歌、走投无路了。自己不是冻死，就是饿死，要么就是落在敌人手里被杀死。

更糟的是，到了夜里，起了北风，后来又下起了鹅毛大雪。他冻得瑟缩成一团，他甚至连抱怨自己命苦的力气都没有了。此时，他的心里只有一个念头：活下来！他暗暗祈求：上天啊！求你再让我活一分钟！求你让我再活一分钟！也许他的祈求真的感动了上天，当他气息奄奄的时候，他看到东方渐渐发亮。等天亮时他惊奇地发现，那条阻挡他前进的大河上面，已经结了一层冰壳。他往河面上试着走了几步，发现冰冻得非常结实，他完全可以从上面走过去。他非常高兴，就牵着马从上面轻松地走过了河面。

涓涓心语

正如一个人不可能永远走运一样，一个人也不可能永远倒霉。面对生活的挫折与磨难，过早地失去希望是不明智的。有时候当我们抱怨困

难过于强大的时候，恰恰是因为它还不够强大，当我们承受的挫折达到一定程度后，它就会转化为我们前进的助力。

不要在冬天砍树：积蓄力量，等待成功

在小汤米9岁那年冬天，爸爸带他到乡下和爷爷一起过圣诞——在那里爷爷有一个小小的农场。

一天，汤米在玩耍时，发现屋前的几棵无花果树中有一棵已经死了：树皮有的已剥落，青色的枝干已经变得枯黄了。他稍一碰就"叭嗒"一声折断了一枝。

于是，汤米对爷爷说："爷爷，那棵树早就死了，把它砍了吧！我们再种一棵。"

可是，爷爷不答应。他说："也许它的确是不行了。但是过冬之后可能还会萌芽抽枝的——说不定它正在养精蓄锐呢！记住，孩子！冬天，你不要砍树。"

果然，到了第二年春天，这棵看起来已经死了的无花果树居然又重新萌生新芽，和其他的树一样感受到了春天的来临，真正死去的只是几根枝丫。到了夏天，整棵树看上去跟别的树没什么分别，都变得枝繁叶茂、生机盎然了。

渭渭心语

冬天总会过去，春天总会来临。我们的人生就像无花果树一样，虽然要遭遇酷寒和严冬，但是只要我们不轻易放弃，冷静耐心地为自己积蓄力量，我们就会等到春暖花开的那一天。

心态篇：摆正心态，从容面对

一切都会过去：忘掉悲伤，直面逆境

著名演员拉莎·贝诺有一次坐船时遇到风暴袭击，不幸在甲板上滚落，足部受了重伤。当她被推进手术室，面临锯腿的厄运时，突然大声地念起自己所演过的一段台词。记者们以为她是为了缓和一下自己的紧张情绪，可她说："不是的，是为了给医生和护士们打气。你瞧，他们不是太严肃了吗？"

拉莎·贝诺在面对无法抗拒的灾难时，没有恨天怨地，没有抱怨命运不公。相反，她勇敢地跳出悲伤、焦虑的圈子，重新燃起生活的激情。一句"他们不是太严肃了吗？"说这话时，她心中的情绪转换器一定调整到了最佳状态！拉莎手术圆满成功后，她虽然不能再演戏了，但她还能讲演，她那充满生命热情的讲演，使她的戏迷再次为她鼓掌。

涓涓心语

面对无法改变的不幸和自己无能为力的事，一味地悔恨和抱怨是无济于事的，这时不妨提醒自己忘掉忧伤，因为无论是顺境还是逆境，这一切都将过去。

不要为打翻的牛奶流泪：珍惜现在所拥有的

有一位心理学教师，一天给学生上课时拿出一只十分精美的咖啡杯。当学生们正在赞美这只杯子的独特造型时，教师故意装出失手的样子，咖啡杯掉在水泥地上摔成了碎片，这时学生中不断发出了惋惜声。教师指着咖啡杯的碎片说："你们一定对这只杯子感到惋惜，可是这种惋惜也无法使咖啡杯再恢复原形。今后在你们生活中，如果发生了无可挽回的事时，请记住这破碎的咖啡杯。"

这是一堂很成功的素质教育课，学生们通过摔碎的咖啡杯懂得了：人在无法改变失败和不幸的厄运时，要学会接受它，适应它，忘记它。

涓涓心语

不要为打翻的牛奶哭泣。既然暂时无法改变现实，我们就应当学会忘记已经失去的东西，珍惜眼前拥有的东西。

那不过是一件衣服：不要为小事而烦恼

凯特马上就要结婚了。她为自己设计了一袭美丽的新娘礼服，她到丝绸店去买了一些丝绸，那是象牙色绣着金色花朵的缎子。她花了很多时间去缝制这件新嫁衣，她的母亲来参加婚礼的时候，这件衣服差不多快完成了。

她的母亲是一个专制的人。她坚持她的女儿一定要穿纯白的新娘礼服，而不许有任何花样。

丈夫汉斯认为凯特应当为自己辩解，因为毕竟这是她自己的婚礼，她有权利穿上她所喜欢的礼服。凯特是个坚持己见从不退缩的人，当她表现得毫不在意的时候，反而令丈夫大感不解了。

后来，汉斯一次提到这件事情，凯特微笑着对丈夫说："亲爱的，人生中有些事不必太在乎，这只不过是件衣服而已。只要我们从此成为丈夫和妻子，就算穿上面粉袋举行婚礼，我也十分快乐。"

后来，当汉斯的女儿朱莉结婚时，他希望她能穿上那件金色的新娘装向凯特致敬。可惜的是，朱莉离家出走，甚至不告诉他就去结婚了。汉斯很生气，他甚至好几个月都不跟她说话。历经很久的时间他才恍然大悟，他也不过和凯特的母亲一样头脑顽固不灵——终究，那不过是件衣服而已。

奇怪的是，凯特从未保留她在婚礼当天真正穿的那件白纱礼服。有一位朋友需要一件新娘礼服时，凯特就把那件礼服割爱，并且告诉朋友不必还她了。然而，金色的礼服她却小心翼翼的珍藏着。在她心目中，这件金色的礼服才是她的结婚礼服。她偶尔会试穿一下，不过大部分的时间，都是放置在盒子中，搁置在衣橱的最上层。

涓涓心语

要获得快乐，一项重要的原则就是不要为一些小事而烦恼，人生有许多值得铭记的事情，不要因为一些小事而耿耿于怀，破坏了自己快乐的心情。

"烦恼树"：找回心理平衡

有一天，一个富有的商人雇了一个水管工来到自己家安装水管。水管工的运气很糟，头一天，先是因为车子的轮胎爆裂，耽误了一小时。再就是电钻坏了。最后呢，开来的那辆破旧的卡车也熄了火。他收工后，富商开车把他送回家去。到了家门前，水管工邀请他进去坐坐。在门口，满脸晦气的水管工没有马上进去，沉默了一阵，再伸出双手，抚摸门旁一棵小树的枝丫。待到门打开，水管工笑逐颜开，和两个孩子紧紧拥抱，再给迎上来的妻子一个响亮的吻。在家里，水管工喜气洋洋地招待这位新朋友。富商离开时，水管工陪他向车子走去。富商按捺不住好奇心，问："刚才你在门口的动作，有什么用意吗？"水管工爽快地回答："有，这是我的'烦恼树'。我到外面工作，磕磕碰碰，总是有的。可是烦恼不能带进家门，这里头有太太和孩子嘛。我就把它们挂在树上，让老天爷管着，明天出门再拿走。奇怪的是，第二天我到树前去，'烦恼'大半都不见了。"

涓涓心语

生活中难免会遇到一些不如意的事情，当你对生活感到厌倦和压抑的时候，找到一种方式，适当地发泄一下心头的积郁，是一种获得心理平衡的好方法。

医生的秘诀：每天给自己一个希望

有一位医生医术精湛，生活幸福美满，但不幸的是，身体一向很健康的他却被诊断患有癌症。这对他可谓当头一棒。他一度情绪低落。最终他不但接受了这个事实，而且他的心态也为之一变，变得更宽容、更谦和、更懂得珍惜所拥有的一切。在勤奋工作之余，他从没有放弃与病魔搏斗。就这样，他已平安度过了好几个年头。有人惊讶于他的事迹，就问他是什么神奇的力量在支撑着他。这位医生笑盈盈地答道：是希望，几乎每天早晨，我都给自己一个希望，希望我能多救治一个病人，希望我的笑容能温暖每个人。这位医生不但医术高明，做人的境界也很崇高。

每天给自己一个希望，就是给自己一个目标，给自己一点信心。希望是什么？是引爆生命潜能的导火索，是激发生命激情的催化剂。每天给自己一个希望，我们将活得生机勃勃、激昂澎湃，哪里还有时间去叹息、悲哀，将生命浪费在一些无聊的小事上。

涓涓心语

每天给自己一个希望，我们就能够充满士气地面对自己的生活，而不是将时间花费在无尽的悲哀和苦闷上，生命有限但希望无限，每天给自己一个希望，我们就能够拥有一个丰富多彩的人生。

叶天士：心病还须心药医

叶天士是明末清初的一位名医。

有一天，一个神情恍惚、双眼红肿的病人前来求医。

叶天士经过一番望、闻、问、切之后，对病人道："依我看，你这眼病只需要几帖药便能治好，但眼病医好7天后，你的两只脚会长出恶疮，那倒是关乎性命的。"

病人大惊，恳请叶天士告诉他治疗的方法。叶天士告诉他："只有一个办法，就是你每天睡前和晨起后，用手搓两脚心各360次，一次不少，坚持7天，你的病便没有什么大碍了。"

病人对大名医叶天士的话深信不疑，便诚心诚意地依法而行。

7天过去了，果然，眼睛好了，脚心也没长出恶疮，精神也显得很清爽。

病人去向叶天士道谢。

叶天士笑着告诉他："你的眼病其实是忧虑所致。用些药，你不去想它自然会好。但你这人心事较重，且眼睛疼痛不由你不想。我说你要注意危及你性命的恶疮，你自然就不去注意眼睛了，揉搓脚心只不过是降火定神、补肾强身。这样注意力转移了，心病一去，眼病也就好了。"

涓涓心语

我们的心理和情感，与我们的身体状况有十分密切的关联。我们生活得越快乐，我们的身体就会越健康，相反，如果我们的内心总是被忧郁笼罩，我们也就越容易产生疾病。"心病还需心药医"，战胜忧虑去除心病，你就能够拥有健康和快乐。

太太的经验：不要太在意别人的眼光

米勒太太年纪轻轻就已经是有作品出版的作家，可是仍然举止笨拙，常感自卑。她有点胖，因此她总是觉得衣服穿在别人身上比较好看。她在赴宴会之前要打扮好几小时，可是一走进宴会厅就会感到自己一团糟，总觉得人人都在对她评头论足，在心里耻笑她。

有个晚上，米勒太太忐忑不安地去赴一个不太认识的人的宴会，在门外碰见另一位年轻女士。

"你也是要进去的吗？"

"大概是吧，"她扮了个鬼脸，"我一直在附近徘徊，想鼓起勇气进去，可是我很害怕。我总是这样子的。"

"为什么？"米勒太太在灯光照映的门阶上看看她，觉得她很好看，比自己好得多。"我也害怕得很。"米勒太太坦言，她们都笑了，不再那么紧张。她们走向前面人声嘈杂、情况不可预知的地方。米勒太太的保护心理油然而生。

"你没事吧？"她悄悄问道。这是她生平第一次心不在自己而在另一个人身上。这对她自己也有帮助，她们开始和别人谈话，米勒太太开始觉得自己是这群人中的一员，不再是个局外人。

穿上大衣回家时。米勒太太和她的新朋友谈起各自的感受。

"觉得怎么样？"

"我觉得比先前好，米勒太太。"

"我也如此，因为我们并不孤独。"

米勒太太想：这句话说得真对！我以前觉得孤立，认为世界其余的人都自信十足，可是如今遇到了一个和我同样自卑的人，迄今为止，我因为我让不安全感吞噬了，根本不会去想别的，现在我得到了另一个启示：会不会有很多人看来意兴高昂，谈笑风生，但实际上心中也忐忑不安?

米勒太太想起本地报馆那个态度无礼的编辑来,那个编辑似乎总是对她不冷不热,问他问题,他只只字答复,米勒太太觉得他的目光永远不和自己的目光接触。她总觉得他不喜欢自己,现在,米勒太太怀疑会不会是他怕自己不喜欢他?

第二天去报馆时,米勒太太深吸一口气,对那位编辑说:"你好,安德森先生,见到你真高兴!"

米勒太太微笑抬头。以前,她习惯一面把稿子丢在他桌上,一面低声说道:"我想你不会喜欢它。"这一次米勒太太改口道:"我真希望你喜欢这篇稿子,你的工作一定非常吃力。"

"的确吃力。"那位编辑叹了口气。米勒太太没有像往常那样匆匆离去,她坐了下来。他们互相看看。米勒太太发现他不是个咄咄逼人的特别编辑,而是个头发半秃、其貌不扬、头大肩窄的男人,办公桌上摆着他妻儿的照片。米勒太太问起她们,那位编辑露出了微笑,严峻而带点悲伤的嘴变得柔和起来。米勒太太感到他们二人都自在多了。

涓涓心语

一个人应当勇于活出自我,不要因为太在意别人的眼光而使自己生活在痛苦和压抑之中。事实上,当你对于别人对自己不欢迎的看法(多数是我们自己假想的)过于敏感的,当你太在意别人的想法时,你就会为自己的交际带来很多不必要的心理负担。

爱丽莎的转变:喜欢自己,别人才会喜欢你

有一个叫爱丽莎的美丽女孩,总是觉得自己没有人喜欢,总是担心自己嫁不出去。她认为自己的理想永远实现不了,她的理想也是每一位妙龄女郎的理想:和一位潇洒的白马王子结婚、白头偕老。爱丽莎总以

为别人都有这种幸福，自己却永远被幸福拒之于千里之外。

一个周末的上午，这位痛苦的姑娘去找一位有名的心理学家，因为据说他能解除所有人的痛苦。她被请进了心理学家的办公室，握手的时候，她冰凉的手让心理学家的心都颤抖了。他打量着这个忧郁的女孩，她的眼神呆滞而绝望，声音仿佛来自墓地。她的整个身心都好像在对心理学家哭泣着："我已经没有指望了！我是世界上最不幸的女人！"

心理学家请爱丽莎坐下，跟她谈话，心里渐渐有了底。最后他对爱丽莎说："爱丽莎，我会有办法的，但你得按我说的去做。"他要爱丽莎去买一套新衣服，再去修整一下自己的头发，他要爱丽莎打扮得漂漂亮亮的，告诉她星期一他家有个晚会，他要请她来参加。

爱丽莎还是一脸闷闷不乐，对心理学家说："就是参加晚会我也不会快乐。谁需要我，我能做什么呢？"心理学家告诉她："你要做的事很简单，你的任务就是帮助我照料客人，代表我欢迎他们，向他们致以最亲切的问候。"

星期一这天，爱丽莎衣衫合适、发式得体地来到了晚会上。她按照心理学家的吩咐尽职尽责，一会儿和客人打招呼，一会儿帮客人端饮料，她在客人间穿梭不息，来回奔走，始终在帮助别人，完全忘记了自己。她眼神活泼，笑容可掬，成了晚会上的一道彩虹，晚会结束时，同时有三位男士自告奋勇要送她回家。

在随后的日子里，这三位男士热烈地追求着爱丽莎，她终于选中了其中的一位，让他给自己戴上了订婚戒指。不久，在婚礼上，有人对这位心理学家说："你创造了奇迹。""不，"心理学家说，"是她自己为自己创造了奇迹。人不能总想着自己、怜惜自己，而应该想着别人、体恤别人，爱丽莎懂得了这个道理，所以变了。所有的女人都能拥有这个奇迹，只要你想，你就能让自己变得美丽。"

涓涓心语

一个人只有喜欢自己，接受自己，才能够被别人所接受。如果你能够像爱丽莎那样接受自己，相信自己，把自身的注意力从自怨自艾中转移到别人身上,那么过不了多久,你就能够让自己成为一个处处招人喜欢的人。

瓦伦达心态

瓦伦达是美国一个著名的高空走钢丝表演者,在一次重大的表演中,不幸失足身亡。他的妻子事后说:我知道这次一定要出事,因为他上场前,总是不停地说,这次太重要了,绝不能失败。而以前每次成功的表演,他只想着走钢丝这件事本身,而不去管这件事可能带来的一切。后来人们就把专心致志于做事本身,而不去管这件事的结果,不患得患失的心态,叫作"瓦伦达心态"。

美国哈佛大学也有一项研究表明,人大脑里的某一图像,会像实际情况一样刺激人的神经系统。比如当一个高尔夫球手击球前一再告诉自己"不要把球打进水里"时,他的大脑里往往就会出现"球掉进水里"的情景,而结果往往事与愿违,球大多都会掉进水里。这项研究从另一方面证实了瓦伦达心态。

涓涓心语

放松,才能够更好地发挥。无论我们做什么事情,都不要太顾虑后果,而要保持良好的心态,轻松地去做事,这样才能取得好的效果。

贫穷的青年:你是最富有的人

有一位青年总是觉得自己没机会,没本事,整日愁眉苦脸。
这天,他无意中遇到了一个须发俱白的老人,老人见他愁容满面,于是便问他："年轻人，你为什么这么不开心？"

"我不明白，为什么我总是那么穷。"青年人说。

老人惊讶地说："穷？你很富有啊！"

这位青年惊奇地说："我富有？这怎么可能？从何说起？"

"假如今天砍掉你一根手指头，给你一万美元，你愿意吗？"老人没有回答，反问道。

"不！"青年回答道。

"砍掉你一只手，给你十万美元，你愿意吗？"老人继续问到。

"不愿意。"青年很快地回答道。

"让你马上变成八十岁的老人，给你一百万，你愿意吗？"

"不愿意！"

"让你马上死掉，给你一千万，你愿意吗？"

"当然不！"

"这就对了。你现在已经有超过一千万的财富了，为什么还哀叹自己贫穷呢？"老人微笑着说。

青年这才恍然大悟。

涓涓心语

命运掌握在自己手中，只要你拥有健康的身体，拥有积极的思想，你就是无比富有的人，这些就是成功的最大资本。

一片枯叶：乐观向上，战胜挫折

杰克年轻的时候，曾和一位饱经风霜的老人是邻居。

老人一生相当坎坷，多种不幸都降临到他的头上。年轻时由于战乱几乎失去了所有的亲人，一条腿还因此落下了残疾；中年时，妻子也因病去世了；不久，和他相依为命的儿子又丧生于车祸。

可是，在杰克的印象之中，老人一直矍铄、爽朗而又随和。杰克终于冒昧地问："您经受了那么多苦难和不幸，为什么看不出有伤怀呢？"

老人无言地将杰克看了很久，然后，将一片树叶举到他的眼前。

"你瞧，它像什么？"

这是一片黄中透绿的叶子。这个时候正是深秋。杰克想，这也许是白杨树叶，可是，它到底像什么呢？

"你能说它不像一颗心吗？或者说就是一颗心？"

这是真的，是十分像心脏的形状。杰克的心为之轻轻一颤。

"再看看它上面都有些什么？"

老人将树叶更近地向他凑凑。杰克清楚地看到，那上面有许多大小不等的孔洞，就像天空里的星月一样。

老人收回树叶，放到了掌中，用那厚重而舒缓的声音说："它在春风中绽出，阳光中长大。从冰雪消融到寒冷的秋末，它走过了自己的一生。这期间，它经受了虫咬石击，以致千疮百孔，可是它并没有凋零。它之所以享尽天年，完全是因为对阳光、泥土、雨露充满了热爱，对自己的生命充满了热爱，相比之下，那些打击又算得了什么呢？"

涓涓心语

无论在什么样的艰难困苦之中，我们都要保持一份乐观向上的精神，这样，我们就能战胜生活中的种种打击。

球迷的横幅：不要因为失败而丧失斗志

巴西足球队为国家捧回第一个世界杯冠军回国时，专机一进入国境，就迎来了热烈壮观的欢迎仪式：16架喷汽式战斗机立即为之护航。当飞机降落在机场时，聚集在机场上的欢迎者达3万人。从机场到首都广场不到20公里的道路上，自动聚集起来的人群超过100万。里奥市长晚出发了一会儿，竟然无法驱车去机场。他只得从官邸乘直升机前往。途中，多数球员被请进豪华汽车，几个主力队员如贝利等则被人用手臂向前传递。4个多小时的路程他们脚不沾地，一直被送到总统府。

面对这激动人心的盛大场面，不由得让人想起4年前机场上那样悄悄的一幕：

1964年，巴西人都认为巴西队能获世界杯赛冠军，然而，天有不测风云，在半决赛中却意外地败给了法国队，结果那个金灿灿的奖杯没有被带回巴西。球员们悲痛至极。他们想，去迎接球迷的辱骂、嘲笑和汽水瓶吧，足球可是巴西的国魂。

飞机进入巴西领空，他们坐立不安，因为他们心里清楚，这次回国凶多吉少。可是，当飞机降落在首都机场的时候，映入他们眼帘的却是另一种景象。总统和2万多球迷默默地站在机场，他们看到总统和球迷共举一条大横幅，上书：失败了也要昂首挺胸。

队员们见此情景顿时泪流满面。总统和球迷们都没有讲话，他们默默地目送球员们离开机场。四年后，他们捧回了世界杯。

涓涓心语

失败并不可怕，可怕的是因此而失去了斗志。面对挫折要昂首挺胸，这样才能迎接下一轮的胜利。

心若在，梦就在：摆脱阴影，重振精神

有一天，一家大公司的老板垂头丧气地回到家中，见到妻子，一句话也不说，闷着头就坐在了墙角的沙发上。

"你怎么了？亲爱的！"妻子笑容可掬地问道。

"完了！完了！我被法院宣告破产了，家里所有的财产明天就要被法

院查封了。"他说完便伤心地低头饮泣。

妻子这时柔声问道："你的身体也被查封了吗？"

"没有！"他不解地抬起头来。

"那么，我这个做妻子的也被查封了吗？"

"没有！"他拭去了眼角的泪，无助地望了妻子一眼。

"那孩子们呢？"

"他们还小，跟这些事根本无关呀！"

"既然如此，那么怎能说家里所有的财产都要被查封呢？你还有一个支持你的妻子以及一群有希望的孩子；而且你有丰富的经验，还拥有上天赐予的健康的身体和灵活的头脑。至于丢掉的财富，就当是过去白忙一场算了！以后还可以再赚回来的，不是吗？"

听了妻子的话，企业家站起身来，重新振作了精神，几年后，他的公司又恢复了往日的辉煌，而这一切成就仅靠他妻子的几句话而已。

涓涓心语

痛苦，忧伤并不能击垮你，面对生活中的挫折你要始终保持不败的意志，正如一首歌中所唱的那样，"心若在，梦就在"，面对挫败，如果你能够摆脱阴影，重振精神，一切都可以从头再来。

寄往天堂的信：走出悲伤，摆脱忧郁

彼得是一个快乐的邮递员，他十分喜爱自己的工作，并且做得也非常好。凡地址不详或字迹不清的死信，经他辨认试投，几乎无不一一救活。彼得每天下班回到家，总是会把一天内开心的事情讲给妻子听；晚饭后，他会带着妻子和一对儿女到屋子外边去散步。他的生活像是一派晴空，没半点云影。

可是在一个晴朗的早晨，他的小儿子病了。医生赶到，一筹莫展。

第二天，孩子就死了。

跟着，彼得的心也死了。他以后的生活就像是一封地址不详的死信，失去了寄托。他每天早早起床，出门上班，走路像个梦游者。他坐在办公桌前，默默办公，下班回到家，默默吃饭，吃完饭，早早上床。可他妻子知道，他常常整夜整夜看天花板。

妻子看在眼里，急在心里，对丈夫百般安慰但总是不见效。

圣诞节近了，周围的欢乐气氛也不能冲淡这一家的悲哀。本来是年初便跟弟弟一起翘首盼望年尾的安，也变得沉默寡言。

一天，彼得坐在自己的屋子里分发一摊信件。他捡起一个用彩色纸做成的信封，但见上边用蓝铅笔写着"寄交天堂奶奶收"几个大字。——真是来无头去无尾！彼得轻轻嘘口气，正要顺手丢到一旁，但"寄交天堂"的字样似乎把他的心触动了。他拆开信，信写道：

亲爱的天堂奶奶：

弟弟死了，爸爸妈妈很难过。妈妈说好人死了到天堂，弟弟跟奶奶在一起。弟弟有玩具吗？弟弟的木马我也不骑了，积木我也不玩了，我藏了，怕爸爸看见伤心。爸爸的烟斗也不抽了，话也不说了。我爱听故事，也不要爸爸讲了，让他早点睡。有一次我听见妈妈说：'只有主能解救他。'奶奶，主在哪里呢？我一定要找他，请他来解救爸爸的痛苦，叫爸爸仍旧抽烟斗，讲故事。

安

这天下班时，街灯已经亮了。彼得快步回家，也没注意自己的影子一会儿在前，一会儿移后，因为他把头抬起来向前看了。他踏上门阶，没有马上推门，而是静静站在门外，他整理了一下自己的衣服和头发，缓缓地呼出了一口气，他要让自己的家重新看到自己脸上久违的笑容。

涓涓心语

人有悲欢离合，月有阴晴圆缺。人生难免会遭遇生死离别，但是，我们不能让自己长久地沉湎于悲伤的忧郁之中，要尽快摆脱忧郁的心理，享受正常的生活。

把荣誉当玩具：不要把荣誉看得太重

居里夫人作为一名杰出的女科学家曾两度获得诺贝尔奖，但是盛名之下的她仍然专心于科学研究，从不把个人的名利看得太重。不相识的人问她："你是居里夫人吗？"她总是平静地回答："不是，你认错了。"她出名以后，几乎每天都要收到世界各地慕名者要求签名的来信。为了摆脱这种干扰，她专门印了许多写着概不签名的卡片，每逢接到来信，就给对方寄一张……她一生获得各种奖金10次，各种奖章16枚，各种名誉头衔117个，却给人一种全不在意的印象。

有一天，她的一位女友来她家做客，忽然看见她的小女儿正在玩英国皇家学会的奖章。于是她说："这是极高的荣誉，你怎么能给孩子玩呢？"居里夫人笑了笑说："是我想让孩子从小就知道，荣誉就像玩具，只能玩玩而已，绝不能永远守着它，否则就将一事无成。"

涓涓心语

人人都渴望获得荣誉，但荣誉并不是我们生活的目的，一个人不能把个人的荣誉看得太重，否则就会偏离自己的生活目标，成为名利的奴隶。

交际篇:学会交际,打造黄金人脉

地狱和天堂的差别：合作才能双赢

有个人想知道天堂和地狱究竟有什么区别，于是便向上帝求教。

上帝对他说："好吧，我们先看看什么是地狱。"于是，上帝把他带进一个房间，那里有一群人正围坐在一大锅肉汤前。但是，每个人看起来都面黄肌瘦、饥肠辘辘的样子。那人仔细一看，虽然他们都拿着一只可以够到锅里的汤匙，但汤匙的柄却比他们的手臂还要长，根本无法将食物送进嘴里，就这样，他们只能眼睁睁地看着一锅香喷喷的肉汤而兴叹，在饥饿带来的死亡面前，他们神情十分悲苦。

"来吧！我们再来看看什么是天堂。"看过地狱之后，上帝对那个人说。

他们又走进另一间房屋，和第一个房间完全相同：一锅汤、一群人、一样的长柄汤匙。但是这里的每个人都显得很快乐，吃得饱，睡得香，一个个满面红光、精神抖擞。

这个人感觉很奇怪，但他仔细一看，就明白了其中的原因：原来他们都将自己汤匙里的汤送到对面人的嘴里，在相互帮助中，每个人都喝到了美味可口的肉汤。

渭渭心语

合作才能双赢。能不能伸手去喂别人，能不能互相帮助，就造成了天堂和地狱之间的差别。

鱼竿与鱼：合作才能生存

从前，有两个饥饿的人得到了一位长者的恩赐：一根鱼竿和一篓鲜活硕大的鱼。其中，一个人要了一篓鱼，另一个要了一根鱼竿，于是，他们分道扬镳了。

得到鱼的人原地就用干柴搭起篝火煮起了鱼,他狼吞虎咽,还没有品出鲜鱼的肉香,就连鱼带汤吃了个精光,不久,他便饿死在空空的鱼篓旁。另一个人则提着鱼竿继续忍饥挨饿,一步步艰难地向海边走去,可当他看到不远处那蔚蓝色的海洋时,他连最后一点力气也使完了,他也只能眼巴巴地带着无尽的遗憾撒手人间。

还有一对饥饿的人,他们同样得到了长者恩赐的一根鱼竿和一篓鱼,只是他们并没有各奔东西,而是商定共同去找寻大海。他俩每次只煮一条鱼,经过遥远的跋涉,来到了海边,从此,两人开始了捕鱼为业的日子。几年后,他们盖起了房子,有了各自的家庭、子女,有了自己建造的渔船,过上了幸福安康的生活。

涓涓心语

一个人在社会中不能孤立生存,只有与人合作,取人之长,补己之短,才能互惠互利,双方都从中获益。与人合作能够营造一个互惠共存、和平安宁的生存环境,而互相孤立或者无休止的争斗只会导致毁灭。

三个和尚:相互协作,共同完成任务

有三个化缘的和尚在一所破寺院里相遇。"这所寺院为什么荒废了?"他们中间有一个人这样问道。

"必是和尚不虔,所以菩萨不灵。"甲和尚说。

"必是和尚不勤,所以庙产不修。"乙和尚说。

"必是和尚不敬,所以香客不多。"丙和尚说。

三人争执不休,最后决定留下来各尽其能,看看谁能最后获得成功。

于是,甲和尚礼佛念经,乙和尚整理庙务,丙和尚化缘讲经。果然香火渐盛,原来的寺院恢复了往日的壮观。

"都因为我礼佛念经,所以菩萨显灵。"甲和尚说。

"都因为我勤加管理,所以寺务周全。"乙和尚说。

"都因为我劝世奔走,所以香客众多。"丙和尚说。

三人争执不休,寺院里的盛况又逐渐消失了。最后,他们得出个一致的结论:这里寺院的荒废,既非和尚不虔,也不是和尚不勤,更非和尚不敬,而是和尚不睦。

涓涓心语

只有相互协作才能够把事情做好。无论你从事什么样的工作,担当什么样的角色,都需要同周围的人相互协作,这样才能顺利完成自己的工作。

雁群的启示:在团队中才能发挥出最大的力量

每到秋天,当你见到整齐的雁群从天空飞过时,你是否想过它们为何以"人"字队形飞行呢?

其实这是有道理的。当每一只鸟展翅拍打时,造成其他的鸟立刻跟进,整个鸟群抬升。借着"V"字队形,整个鸟群比每只鸟单飞时,至少增加了71%的飞升能力。

分享共同目标与集体感使它们可以更快、更轻易地到达它们想去的地方,因为它们凭借着彼此的冲劲、助力而向前行进。

当一只大雁脱队时,它立刻感到独自飞行时的迟缓、拖拉与吃力,所以很快又回到队形中,继续利用前一只大雁所造成的浮力。

当领队的大雁疲倦了,它会退到侧翼,另一只大雁则接替飞在队形的最前端。飞在后面的大雁会利用叫声鼓励前面的同伴来保持整体的速度。

当一只大雁生病了,或是因枪击而受伤,从而掉队时,另外两只大雁会脱队跟随它，来帮助并保护它。它们跟落下的大雁到地面，直到它能够飞或者死掉。而且只有在那时，另两只大雁才会再飞走，或跟随另一队大雁来赶上它们自己的队伍。

如果我们拥有大雁的协作精神，我们将像它们一样互相扶助。

滑滑心语

一个人只有在团队中才能发挥出最大的力量，无论做什么事情，单靠一个人孤军奋战是不行的，只有借助彼此的力量，齐心协力，才能够取得成功。

搬岩石的男孩：借助别人的力量来实现目标

一天上午，一个小男孩独自在屋外的玩具沙箱中玩耍。当他在松软的沙堆上修筑公路和隧道时，在沙箱的中部他发现了一块巨大的岩石。

于是，他开始挖掘岩石周围的沙子，他手脚并用，似乎没有费太大的力气，岩石便被他连推带滚地弄到了沙堆的边缘。不过，这时他才发现，他无法把岩石向上滚动来翻过沙箱旁边的一道边墙。

小男孩下定决心，手推、肩扛、左摇右晃，一次又一次地向岩石发起冲击，可是，每当他刚刚觉得取得了一些进展的时候，岩石便滑脱了，重新掉进沙箱。每一次他得到的唯一回报便是岩石再次滚落回来，砸伤自己的手指。

最后，他伤心地哭了起来。这整个过程，男孩的父亲从房间的窗户里看得一清二楚。当泪珠滚过孩子的脸庞时，父亲来到了跟前。

父亲温和地对小男孩说："儿子，你为什么不用上所有的力量呢？"

垂头丧气的小男孩抽泣道："爸爸，我用尽了我所有的力量！"

"不对，儿子，"父亲亲切地纠正道，"你并没有用尽你所有的力量。你没有请求我的帮助。"

父亲弯下腰，抱起岩石，将岩石搬出了沙箱。

渭渭心语

每个人都不是万能的，单独靠一个人的力量也不可能取得成功。这就需要我们能够在需要的时候，积极寻求他人的帮助，借助别人的力量来实现自己的目标。

手指的争吵：相互合作，取长补短

有一天，五根手指闲着没事做，就为谁最优秀这个话题争吵了起来。

大拇指说："在咱们五个当中我是最棒的，你们看，首先，我是最粗最壮的一个，无论赞美谁，夸奖谁，都把我竖起来，所以我是最棒的……"

这时，食指站了出来说："咱们五个我是最厉害的，谁要是出现错误，谁有不对的地方，我都会把他指出来……"

中指拍拍胸脯骄傲地说："看你们一个个矮的矮，小的小，哪有一个像样的，其实我才是真正顶天立地的英雄……"

到无名指了，他更是不服气："你们都别说了，人们最信任的就属我了，你们看，当一对情侣喜结良缘的时候，那颗代表着真爱的钻戒不都带在我的身上吗？"

到了小指，看他矮矮挫挫的，可最有精神，他说："你们都别说了，看我长的小，当每个人虔心拜佛、祈祷的时候不都把我放在最前面吗？"

渭渭心语

我们的社会是由各怀特长的人共同组成的。每个人都有自己的优点，都是不可取代的，只有相互合作，取长补短，才能够共同取得成功。

信赖：相信别人，才能合作顺利

一位心理学教授曾和自己的学生做过这样一个实验。他让同学们前后站成两排，然后命令后一排的同学做好救助准备，待他喊了"开始"之后，前一排同学就往后一排相对位置的同学身上倒，他说："前面的同学别有顾虑，要尽力往后倒。好，开始！"

前排的同学们只是觉得有些好玩，他们按照心理学教授的指令，身子一点点向后倾斜，但是，大家明显地暗自掌握着身体的平衡，并不敢一下子把自己全部倒在后排人的身上。

可是，这里面有个例外——一位男生在听到心理学教授的指令之后，紧紧地闭上了双眼，十分真实的向后面倒去。他的搭档是一位小巧玲珑的女生，当她感到他毫不掺假地倒过来时，先是微微一愣，接着就倾尽全力去抱住他。看得出，她有些力不自胜，但却倔强地抿紧了双唇，誓死也要撑起他……

她成功了。

心理学教授笑着去握他和她的手，告诉大家说："他俩是这次实验中表现最为出色的人。这位男生为大家表演了'信赖'——信赖是什么呢？信赖就是去除心中的猜疑和顾忌，完全地相信别人。这名女生为大家表演的则是'值得信赖'——值得信赖，其实是信赖催开的一朵花，如果信赖的春风吝于吹送，那么，这朵花就有可能遗憾地夭折在花苞之中，永远也休想获取绽放的权利；当然，如果信赖的春风吹得温暖，吹得和畅，那么，被信赖的人就被注入了一种神奇的力量——就像你们看到的那样，一个弱不禁风的女生可以扶起一个虎背熊腰的男生，一只充满了爱意的手可以托举起一个美丽多彩的世界。同学们，值得信赖是幸福的，而信赖他人是高尚的。让我们先试着做高尚的人，然后再去做幸福的人吧。"

涓涓心语

只有相信别人，我们才能与别人更好地合作。相信别人可以驱散我们心头的猜疑和顾忌，学会信赖别人，并且努力让自己变得值得信赖，我们与他人的交往和合作就会变得更顺利。

球场上的友谊：团队的成功才是最大的成功

在一次 NBA 决赛中，新秀皮彭独得 33 分超过乔丹 3 分，而成为公牛队比赛得分首次超过乔丹的球员。赛后，乔丹与皮彭紧紧拥抱着，两人泪光闪闪。

当年乔丹在公牛队时，皮彭是公牛队最有希望超越乔丹的新秀，他时常流露出一种对乔丹不屑一顾的神情，还经常说乔丹某些方面不如自己，自己一定会超越乔丹一类的话。但乔丹没有把皮彭当作潜在的威胁而排挤，反而对皮彭处处加以鼓励。

有一次比赛结束后，乔丹问皮彭："我们的三分球谁投得好？"皮彭有点心不在焉地回答："你明知故问什么，当然是你。"因为那时乔丹的三分球成功率是 28.6%，而皮彭是 26.4%。但乔丹微笑着纠正："不，是你！你投三分球的动作规范、自然，很有天赋，以后一定会投得更好，而我投三分球还有很多弱点。"并且还对皮彭说："我扣篮多用右手，习惯地要用左手帮一下，而你，左右都行。"这一细节连皮彭自己都不知道，他深深地被乔丹的无私所感动。

从此以后，皮彭和乔丹成了最好的朋友，皮彭也成了公牛队 17 场比赛得分首次超过乔丹的球员。而乔丹这种无私的品质则为公牛队注入了难以击破的凝聚力，从而使公牛队创造了一个又一个的神话。

涓涓心语

对于一个团队而言，一个人的成功不是真正的成功，团队的成功才

是最大的成功。因此，我们应当尊重并鼓励身边的人，团结好每一个人，这样大家才能够同心协力。

一位哲人曾经说过，错误在所难免，宽恕就是神圣。宽容和忍让能够换来最甜蜜的结果。如果没有宽恕之心，生命就会被无休止的仇恨和报复所支配。

梁亭与楚亭：学会忍让，化敌为友

战国时期，楚、梁两国交界，两国在边境上各设界亭，亭卒们在各自的地里种了西瓜。梁亭的亭卒勤劳，锄草浇水，瓜秧长势极好；而楚亭的亭卒懒惰，不事瓜事，瓜秧又瘦又弱，与梁亭瓜田的长势简直不能相比。楚亭的人心生嫉妒，于是，在一天晚上乘着夜色、偷跑过去把梁亭的瓜秧全给扯断了。

第二天，梁亭的人发现自己瓜地里的瓜秧全被人扯断了，他们气愤难平，报告给边县的县令宋就，说我们也过去把他们的瓜秧扭断好了。宋就说："这样做当然很能解气，可是，我们明明不愿他们扯断我们的瓜秧，那么为什么再反过去扯断别人的瓜秧？别人不对，我们再跟着学，那就太狭隘了。你们听我的话，从今天起，每天晚上去给他们的瓜秧浇水，让他们的瓜秧长得好。而且，你们这样做，一定不能让他们知道。"梁亭的人听了宋就的话后觉得很有道理，于是就照办了。

渐渐地，楚亭的人发现自己的瓜秧长势一天好过一天，仔细观察后发现每天早上地都被人浇过了，而且是梁亭的人在黑夜里悄悄为他们浇的。楚国的边县县令听到亭卒们的报告后，感到十分惭愧和敬佩，于是把这件事报告给了楚王。

楚王听说这件事后，感于梁国人修睦边邻的诚心，特备重礼送给梁王，以示自责，也用来表示酬谢。结果这一对敌国成了友好的邻邦。

涓涓心语

生活中有很多事当忍则忍，能让则让。忍让和宽容不是懦弱和怕事，而是关怀和体谅，以己度人，推己及人，我们就能与别人和睦相处，甚至能够化敌为友。

鹿肉：以德报怨

在第二次世界大战期间，一支英军与德军在森林中相遇，激战一夜后有两名英国士兵与部队失去了联系，这两名士兵来自于同一个小镇。

两名英国士兵在森林中艰难跋涉，他们互相鼓励、相互安慰。十多天过去了，仍未与部队联系上。这一天，他们打死了一只鹿，依靠鹿肉又艰难度过了几天。可是整个森林除了一只鹿之外，他们再也没看到过其他任何动物。他们仅剩下的一点鹿肉，背在年轻战士的身上。这一天，他们在森林中又一次与敌人相遇，经过再一次激战，他们巧妙地避开了敌人。就在自以为已经安全时，只听一声枪响，走在前面的年轻战士中了一枪——幸亏伤在肩膀上！后面的士兵惶恐地跑了过来，他害怕得语无伦次，抱着战友的身体泪流不止，并赶快把自己的衬衣撕下包扎战友的伤口。

晚上，未受伤的士兵一直念叨着母亲的名字，两眼直勾勾的。他们都以为他们熬不过这一关了，尽管饥饿难忍，可他们谁也没有动身边的鹿肉。天知道他们是怎么过的那一夜。第二天，部队救了他们。

事隔多年，那位受伤的战士杰克说："我知道谁开的那一枪，他就是我的战友。当时在他抱住我时，我碰到他发热的枪管。我怎么也不明白，他为什么对我开枪？但当晚我就宽恕了他。我知道他想独吞我身上的鹿肉，我也知道他想为了他的母亲而活下来。接下来这么多年，我装作根本不知道此事，也从不提及。战争太残酷了，他母亲还是没有等到他回来。我和他一起祭奠了老人家。那一天,他跪下来,请求我原谅他,我没让他说下去。我们又做了几十年的朋友,我宽容了他。"

涓涓心语

一位哲人曾经说过,"以恨对恨,恨永远存在;以爱对恨,恨自然就会消失。"面对别人的伤害,我们要以德报怨,时刻提醒自己,让伤害到自己这里为止。

薛雪与叶天士:丢弃前嫌

明末清初,苏州经历了一场罕见的大瘟疫,死人不计其数。当时的苏州府为了制止瘟疫流行,组织了医局,请当地名医轮流坐诊,为前来求医的人治病。

有一天,一个差役来到医局。他全身浮肿,皮肤已呈黄白色。名医薛雪为他切脉检查后,认为他已病到晚期,没治了,叫他回去"料理后事"。差役哭丧着脸出了医局大门,正巧碰上来接班的名医叶天士,叶天士重新为差役诊视一遍,发现差役的病是由于长期使用一种有毒的驱蚊香而引起的。于是,他给差役开了一副解毒药。差役服后,不久便痊愈了。

很快,这件事传到了薛雪的耳朵里。薛雪觉得叶天士是有意贬低别人,抬高自己。两人同住在一条街,名声本不相上下,经常有好事者拿他俩比高低,故此早有嫌隙。薛雪越想越怒,一气之下,将自己的住宅起名为"扫叶庄"。叶天士闻讯后,也不示弱,把自己的书房更名为"踏雪斋"。从此两人不相往来。

几年后,叶天士80多岁的母亲病了。按病情应服"白虎汤",但叶天士因担心药力太猛,母亲年老体弱经受不起,所以不敢使用,只是开了几剂药力较缓的药给母亲服用,结果病情总不见好转。

薛雪听说此事后，从侧面了解到叶母的病情，便对别人说："此病非用'白虎汤'不可。只要对症下药，药力猛一点怕什么？"有人把这话传给了叶天士。叶天士虚心采纳了这个意见，给母亲服用了"白虎汤"，病果然好了。为这叶天士登门致谢，薛雪说："医者，贵在救人也，岂可以计私怨乎？"从此二人结为好友。

涓涓心语

宽容不仅是容忍他人的小错误，还包括为人豁达，不计前嫌，以礼待人等。其中"不计前嫌，以礼待人"更加难能可贵，也更能表现出一个人品德高尚的一面。

放下手中的枪：宽容消除仇恨

小男孩哈根有一条非常可爱的狗，不幸的是，有一天下午他的狗被邻居家的狗咬死了。小男孩简直气疯了，发誓要打死凶手，为他的宝贝狗报仇。

哈根的父亲很理解儿子的情绪，他知道凭语言无法说服儿子，于是他把哈根领到了邻居家的院子后面。

"那条狗在这儿，"父亲对哈根说道，"如果你还想干掉它的话，这是最容易的办法。"父亲递给哈根一把短筒猎枪。哈根疑虑地瞥了父亲一眼。他点了点头。

父亲拿起猎枪，举上肩，黑色枪筒向下瞄准。邻居家的大黑狗用一双棕色眼睛看着他，高兴地喘着粗气，张开长着獠牙的嘴，吐出粉红的舌头。就在哈根要扣动扳机的一刹那，千头万绪闪过脑海。父亲静静地站在一旁，可他的心情却无法平静。涌上心头的是平时父亲对他的教诲——我们对无助的生命的责任，做人要光明磊落，是非分明。他想起他打碎妈妈最心爱的花瓶后，她还是一如既往地爱他；他还听到别的声音

——教区的牧师领着他们做祷告时，祈求上帝宽恕他们如同他们宽恕别人那样。

于是，猎枪变得沉甸甸的，眼前的目标模糊起来。哈根放下手中的枪，抬头无助地看着爸爸。爸爸脸上绽出一丝笑容，然后抓住他的肩膀，缓缓地说道："我理解你，儿子。"这时他才明白，父亲从未想过他会扣扳机。他要用一种明智、深刻的方式让他自己做出决定。

哈根放下枪，感到无比轻松。他跟爸爸跪在地上，帮忙解开大黑狗，大黑狗欣喜地蹭着他俩，短尾巴使劲地晃动，仿佛在庆幸自己免遭枪杀。

涓涓心语

宽容是消除报复的良方。对于心底宽容的人来说，没有什么是不可以饶恕的。在你宽恕别人的同时，也会将自己内心的仇恨一并消除。

谦和的拳王：宽容别人也是一种自重

美国著名的拳王乔·路易，勇猛过人，曾打败过很多实力强劲的对手。他平时为人十分谦和，与赛场上凶狠霸气的模样完全不同。

有一天他和朋友骑车一起外出，在路上被一辆货车撞了一下。货车司机下了车，怒气冲冲地把他们痛骂了一顿。

等货车司机走了以后，他的朋友问他为什么不修理那个家伙？

乔·路易微微一笑，回答说："如果有人侮辱了歌王卡罗索，你想卡罗索会为他唱一首歌吗？"

涓涓心语

面对别人的伤害和冒犯，要保持宽容和冷静，不要轻易出手反击，这既是对别人的一种容忍，也是对自己的一种自重。

监狱中的曼德拉：原谅伤害过你的人

宽恕他人者，自己也将得到宽恕。

——贝利

南非总统曼德拉因致力南非种族斗争而遭逮捕，在荒凉的大西洋罗宾岛度过了将近 27 年监禁生活。当时曼德拉年事已高，但牢房看守依然像对待年轻犯人一样对他进行残酷的虐待。

罗宾岛上岩石密布，到处是海豹、蛇和其他动物。曼德拉被关在总集中营一个"锌皮房"里，白天打石头，将采石场的大石块碎成石料。他有时要下到冰冷的海水里捞海带，有时干采石灰的活儿——每天早晨排队到采石场，然后被解开脚镣，在一个很大的石灰石场里，用尖镐和铁锹挖石灰石。因为曼德拉是要犯，看管他的看守就有 3 人。他们对他并不友好，总是寻找各种理由虐待他。

然而，曼德拉出狱当选南非总统以后，并没有计较前嫌，他在就职典礼上的一个举动震惊了世界，被人们尊称为"神迹"。

总统就职仪式开始后，曼德拉起身致辞，欢迎来宾。他依次介绍了来自世界各国的政要，然后他说，能接待这么多尊贵的客人，他深感荣幸，但他最高兴的是，当初在罗宾岛监狱看守他的 3 名狱警也能到场。随即他邀请他们起身，并把他们介绍给大家。

曼德拉的博大胸襟和宽容精神，令那些残酷虐待了他 27 年的人汗颜，也让所有到场的人肃然起敬。看着年迈的曼德拉缓缓站起，恭敬地向 3 个曾虐待他的看守致敬，在场的所有来宾以至整个世界，都静下来了。

后来，曼德拉向朋友们解释说，自己年轻时性子很急，脾气暴躁，正是狱中生活使他学会了控制情绪，因此才活了下来。牢狱岁月给了他时间与激励，也使他学会了如何处理自己遭遇的痛苦。他说，感恩与宽容常常源自痛苦与磨难，必须通过极强的毅力来训练。

获释当天，他的心情平静："当我迈过通往自由的监狱大门时，我已经清楚，自己若不能把悲痛与怨恨留在身后，那么我其实仍在狱中。"

涓涓心语

冤冤相报何时了，只有谅解和接受曾经伤害过你的人，才能获得心灵上的自由。如果内心一味地充斥着对别人的仇恨，不肯原谅曾经伤害过你的人，不但会使别人生活在痛苦之中，自己的心灵也无法得到解脱。

瓜地里的风波：多一分宽容，多一个朋友

1939年的一天，老农场主塞玛敲响了少年托尼·希勒家的大门，塞玛当时住在马路那头大约一英里的地方，想找人帮助收割一块苜蓿地。这就是托尼·希勒第一次得到的有报酬的工作——1小时12美分，要知道这在当时已经很不错了，那时美国还处在经济大萧条时期。

一天，塞玛发现一辆装有西瓜的卡车陷在自家的瓜地中。显然，有人想偷走这些西瓜。

塞玛说车主很快就会回来的，让托尼在那儿看着，长点见识。没过多久，一个在当地因打架和偷窃而臭名昭著的家伙带着两个体格粗壮的儿子出现了。他们看起来非常恼怒。

塞玛却用平静的口吻说道："哎，我想你们要买些西瓜吧？"

那个男人回答前沉默了很久："嗯，我想是的。你要多少钱一个？"

"25美分1个。"

"好吧，你帮我把车弄出来吧，我看这价格还合适。"

这成了他们夏天里最大的一笔买卖，而且还避免了一场危险的暴力事件。等他们走后，塞玛笑着对托尼说："孩子，如果不宽恕敌人，就会失去朋友。"

几年以后，塞玛去世了，但托尼永远忘不了他，也忘不了第一次打

工时他教给自己的东西。

涓涓心语

宽容和忍让能够换来最甜蜜的结果。一个人经历过一次忍让,就会多一份宽阔的心胸。多一份宽容,就会多一个朋友,少一个敌人。

女鬼与菩萨:打开心窗,接受他人

很早以前,有一个著名的雕刻师傅,他雕刻的东西栩栩如生,几乎可以达到以假乱真的地步,因为他的雕刻技巧不错,所以附近一个村庄的寺庙,就邀请他去雕刻一尊"菩萨的像"。

可是,要到达那村庄,必须越过山头与森林。偏偏这座山传说"闹鬼",有些想越过山的人,若夜晚仍滞留在山区,就会被一个极为恐怖的女鬼杀死。因此,许多亲人、朋友就力劝雕刻师傅,等隔日天亮时再启程,免得遇到不测。

但是师傅担心天亮启程会耽误行程,就谢绝了众人的好意,收拾好行李和工具,当天晚上就出发了。

他走啊走,天色逐渐暗下来,月亮、星星也都出来了。这师傅突然发现,前面有一个女子坐在路旁,草鞋也磨破了,似乎十分疲倦、狼狈。师傅于是问这女子,是否需要帮忙?当师傅得知该女子也是要翻越山头到邻村去,就自告奋勇要背她一程。

月夜中,师傅背着她,走得汗流浃背后,停下休息。此时,女子问师傅:"难道你不怕传说中的女鬼吗?为什么不自己快点赶路,还要为了我而耽搁时辰?"

"我是想赶路呀!"师傅回答,"可是如果我把你一个人留在山区,万一你碰到危险怎么办?我背你走,虽然累,但至少有个照应,可以互相帮忙啊!"

在明亮的月色中，这师傅看到身旁有块大木头，就拿出随身携带的凿刀工具，看着这女子，一斧一刀地雕刻出"一尊人像"来。

"师傅啊，你在雕什么啊？"

"我在雕刻菩萨的像啊！"师傅心情愉悦地说，"我觉得你的容貌很慈祥，很像菩萨，所以就按照你的容貌来雕刻一尊菩萨！"

坐在一旁的女子听到这话，哭得泪如雨下，因为她就是传说中的"恐怖女鬼"。

多年前，她只身带着女儿翻越山头时，遇上一群强盗，她无力抵抗，除了被奸污外，女儿也被杀害。悲痛的她，纵身跳下山谷，化为"厉鬼"，专在夜间取过路人性命。

可是，这个"满心仇恨"的女子，万万没想到，竟会有人说她"容貌很慈祥，很像菩萨"！刹那间，这女子突然化为一道光芒，消失在月夜山谷里。

第二天，师傅到达邻村后，大家都很惊讶他竟能在半夜中活着越过山头。而从那天后，再也没有夜行旅人遇到传说中的"女厉鬼"了。

涓涓心语

在这个纷乱的社会中，很多人都有着很强的自我防卫心理，小心翼翼地提防着，生怕被别人骗了。其实，我们提防别人的同时也在为自己设防，如果我们能够打开心窗，忘掉仇恨，主动地接纳别人，就会重新找回轻松快乐的生活。

蕨菜和无名小花：保持距离才能以礼相待

蕨菜和离它不远的一朵无名小花是好朋友。每天天一亮，蕨菜和无名小花都会在晨光中互致问候。日子久了，两人都把对方当成自己最知心的朋友。同时，它们发现，由于相距较远，每天扯着嗓子说话很不方便,便决定互相向对方靠拢,它们认为彼此之间距离越近,就越容易交流,感情也越容易加深。

于是,蕨菜拼命地扩散自己的枝叶,它蓬勃地生长,舒展的枝叶像一柄大伞一样。无名小花则尽量向蕨菜的方向倾斜自己的茎枝。它们的距离也越来越近了。

出乎意料的是,由于蕨菜的枝叶像一柄张开的大伞,它不仅遮住了无名小花的阳光,也挡住了它的雨露。失去阳光和雨露滋润的无名小花日渐枯萎,在伤心之余,不再与蕨菜共叙友情,相反还认为是蕨菜动机不良,故意谋害自己,便在心里痛恨起蕨菜来。

蕨菜呢,由于枝叶过于茂盛,一次狂风暴雨之后,它的枝叶被折断得所剩无几,身子光秃秃的。看着遍体鳞伤的自己,蕨菜把这一切后果都归咎于无名小花,如果没有无名小花,它也绝不会恣意让自己的枝叶疯长的。

于是,一对好朋友便反目成仇了。

涓涓心语

距离是人际关系的自然属性。再好的朋友如果天天见面,也未必是一件好事情。我们要和朋友形成良性的人际关系,既要注重心灵上的贴近,又要注意在接触上保持一定的距离,保持距离才能以礼相待。

学会倾听

安妮在一家肯德基连锁店做收银员,每天晚上到了下班时间孤独就会爬上安妮的心头:她总是一个人孤单地吃完晚餐,然后就随手拿起一本小说来打发时间。

纽约这么大的都市,拥有数百万人口,每天人来人往,有欢笑,也有惊奇,却没有任何一个人注意到你的存在,这世界还有比这更荒凉的吗？安妮一想到这般的冷清，就像一只受惊的小兔子，蜷缩在自己的小天地中。

这种日子已经过了几个月，她不知道该如何是好，她不知道怎样才能交到朋友，尤其是知心的男友，难道大学四年毕业之后，面对的就是这种生活吗？

这还不是最难过的，反正她可以借着阅读各种爱情小说，与书中女主角共度欢笑悲伤，让时间慢慢流逝。但是到了深夜，一个人躺在床上，这才是最难熬的时光，她不知道，是否每个正常人都会有这种需求。

有一天，安妮接到通知要去见公司人事部主管琳达女士，她不知道自己怎么会来这儿见人事主管，也不知道自己怎能对着她侃侃谈出自己的情况，因为她一向不善于表达自己，以往这种情形总是令她手足无措，说不出话来。

人事主管琳达是个善解人意的人，她语重心长地对安妮说："只要你愿意，我可以帮你克服难关，并且交到朋友，不过首先，你必须抛开那些爱情小说，利用晚上到艺术学校去选修些课程，不要再读那些虚幻不真实的小说来自欺欺人。还有，你在公司的工作很有发展潜力，我希望你努力干，有一天能升到广告部门的执行组，也正因为如此，你更需要多学一些绘画及用色方面的技巧，最重要的是，你不要再整个晚上窝在家里了。"

安妮还记得经理说过，年轻人只要肯出去参加活动，很容易就可以交到朋友，只要学着去表现自己的特点，做个活泼的女孩，一定会有许多追求者。要有所改变，做自己想做的事。同时要注意看别人做什么，听别人说什么，让自己成为一个好伴侣；不要轻信别人的花言巧语，除非自己也能给予别人一些回馈，世上不会有人白白对自己好。

不久之后，安妮的生活真的变得多姿多彩，她已经克服她的困难，她真没想到只是学着多听别人讲话，就赢得了那么多的友谊。她想起这正如琳达女士曾经告诉她的："大多数的人，自我意识都很强，都希望有表达自我的机会，所以，你根本不必担心该说什么，只需要静静地、专心地听对方说，这就够了。"

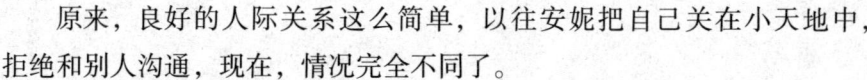

原来,良好的人际关系这么简单,以往安妮把自己关在小天地中,拒绝和别人沟通,现在,情况完全不同了。

涓涓心语

学会倾听,是突破交往障碍的一个有效行动。当你走出自己的小天地,试着站在别人的立场上,做一个好的听众,你就能够成为一个广受欢迎的交际高手,为自己赢得众多的朋友。

给别人一个台阶下

新中国成立之初,周恩来总理率团慰问驻旅大的苏联军队。在我方举行的招待宴会上,一名苏军中尉翻译总理讲话时,译错了一个地方。我方代表的一位同志当场做出了纠正。这使总理感到很意外,也使得在场的苏联驻军司令大为恼火。因为部下在这种场合下的失误使他很没面子,他马上走过去,要撕下中尉的肩章和领章。宴会厅里的气氛顿时紧张起来。这时,周总理不失时机地给对方找了一个"台阶"。他温和地说:"两国语言要做到恰到好处地翻译是很不容易的,也可能是我讲得不够完善。"并慢慢重复了译错的那段话,让中尉仔细听清,等中尉准确地翻译出来时,他还特地同中尉单独干了一杯。周总理的善意举动使苏军的将领和那个中尉都特别感动,晚宴十分成功,尽欢而散。

周总理这种宽厚的行为告诉我们,要给出错的人面子和"台阶",因为此时他的自尊心特别强烈,如果你能帮他保住面子,维护他的尊严,他在内心就会对你的善举深表谢意。

涓涓心语

让别人保住面子是一项重要的交际原则。每个人在交往的过程中难免都会犯一些错误,在这个时候如果你能够及时为他找一个台阶下,不仅能够化解尴尬,而且能够增进双方的友谊。

一位漂亮女士的交际技巧

卡耐基是著名的人际交往大师。他认为自己交际上最重要的一课，是一位容貌漂亮、姿态优雅的女士教给他的。回忆起当时的情形，卡耐基这样说道：

"有一天晚上，在人际关系的课堂上，我正和学生讨论到某些店员使我们受气的情形。我们举了很多例子，有些店员对顾客根本不理不睬，有的则更恶劣，没有礼貌"。

"最后轮到这一女士发言，她说：'我并不责怪这些可怜的店员，有时顾客对他们也很不客气，不尊重他们。我常常享受他们最亲切的服务，他们都对我很好，我有一套方法。'"

"于是她告诉我们她的方法：'我走到店员面前，向她微笑着说，你可以帮忙吗？我几乎从来没有被拒绝过。'"

"有谁忍心拒绝一位笑脸迎人、可爱的小妇人的请求呢。"

"不过这只是秘诀的前半部。她继续解释后半部：'我很快再补充说，我对我所要买的这项东西不很了解，我需要店员提供意见。'不管我只是买一个小小的纽扣或买冰箱，我都运用同样的方法。那些店员总是急切地想帮我忙，而且尽可能拿所有的样式出来给我。你可以将这种方法运用到机票柜台、百货公司、旅馆、计程车和餐厅，你还可以更广泛地运用到很多地方。"

涓涓心语

用真诚的心和微笑去请求帮助，没有人会拒绝你的。因为你的请求能够让他人觉得自己受到了尊重和肯定，如果你觉得与人交往是一件困难的事情，就试着从寻求别人帮助开始吧。

请客

杰克大学毕业后在一家小城工作。有一天,杰克的姑姑来这个小城看他,晚上两个人在一起吃饭。

杰克身上只有20美元,这已是他所能拿出招待对他很好的姑姑的全部资金,他很想找个小餐馆随便吃一点,可姑姑却偏偏相中了一家很体面的餐厅。杰克没办法,只得随她走了进去。

俩人坐下来后,姑姑开始点菜,当她征询杰克的意见时,杰克只是含混地说:"随便,随便。"此时,他的心中七上八下,放在衣袋中的手里紧紧抓着那仅有的20美元。这钱显然是不够的,怎么办?

可是姑姑好像一点也没注意到杰克的不安,她不住口地称赞着这儿可口的饭菜,杰克却什么味道都没吃出来。

最后的时刻终于来了,彬彬有礼的侍者拿来了账单,径直向杰克走来,杰克张开嘴,却什么也没说出来。

姑姑温和地笑了,她拿过账单,把钱给了侍者,然后对杰克说:"小伙子,我知道你的感觉,我一直在等你说不,可你为什么不说呢?要知道,有些时候一定要勇敢坚决地把这个字说出来,这是最好的选择。我这次来,就是想要让你知道这个道理。"

滑滑心语

拒绝别人,或许是一件令人不快的事情,但是我们在交际过程中对于力不能及的事情要勇敢地学会拒绝,否则就会使你陷入尴尬和为难的境地。

竞争上岗

小王和小张都是公司新分来的大学生，两人被安排在同一个部门，做同样的工作，在工作能力和工作业绩上也不相上下，但两个人在为人处世方面却有很大不同。

小王比较"直爽"，见到人要么直呼其名，要么小赵、老王地喊。有一次，小王的顶头上司李经理正在会议室接待客人，小王突然出现在门口，大声喊："老李，你的电话。"刚刚30出头的李经理，竟被人喊老李，又是当着客人的面，而且喊自己的人还是自己的部下，自然心里很不舒服。

而小张就不同了，见到谁都毕恭毕敬的，小心翼翼地喊李经理、刘主管，没有职务的，她就喊陈大姐或刘大哥，年龄稍长的职工，她就喊郭师傅。

小王只有上班时才来公司，下班就走人，与公司里的人也没有过多交往。小张就不同了，她下班以后，看有人没走就会留下来，与人家聊聊天，说说闲话。谁有什么困难，她也会尽力帮助。当然，她也经常向别人求助。

有一次，她来到李经理的办公室，说有一件大事，务必请他参谋参谋。原来她表妹参加高考，想请经理"指点一下，看填什么志愿好"。李经理很高兴、很认真地给她分析了近几年的就业形势，然后慎重地给她提了一个建议。

后来，李经理手下的一个副经理调到别的部门主持工作了，公司决定采用公开竞聘的方式选拔新的副经理。小王和小张因为都是本科学历，又都是业务骨干，符合公司规定的竞聘条件，于是两人都报名竞聘。评委由公司中层以上干部和职工代表组成。竞聘的结果大家可能已经猜到了：小张以绝对的优势击败了小王，成为公司最年轻的中层干部。

涓涓心语

要同周围的人建立良好的人际关系，我们就要学会做事和做人。而做事和做人也没有什么深奥的学问，只要我们能够多注意一些交往的细节，学会尊重别人，多与别人主动交往就可以了。

一碗汤

在一家餐馆里，一位美丽的小姐买了一碗汤，在餐桌前坐下，突然想起自己忘记拿餐具。

于是她回身去拿餐具，然后又返回餐桌。然而令她惊讶的是，自己的座位上坐着一个黑人，正在喝着自己的那碗汤。

"这个无赖，他无权喝我的汤！"美丽的小姐气呼呼地寻思。"可是，也许他太穷了，太饿了。我还是一声不吭算了，不过，也不能让他一人把汤全喝了。"

于是美丽的小姐装着若无其事的样子，与黑人同桌，面对面地坐下，拿起了汤匙，不声不响地喝起了汤。

就这样，一碗汤被两个人共同喝着，你喝一口，我喝一口，两个人互相看看，都默默无语。

这时，黑人突然站起身，端来一大盘糕点，放在她面前，糕点上插着两把叉子。

两个人继续吃着，吃完后，各自直起身，准备离去。"再见。"美丽的小姐友好地说。"再见！"黑人热情地回答。他显得特别愉快，感到非常欣慰。因为他自认为今天做了一件好事，帮助了一位穷困而又美丽的小姐。黑人走后，美丽的小姐这才发现，旁边的一张饭桌上，放着一碗无人喝的汤，正是她自己的那一碗。

涓涓心语

人际交往中常常会有误会和隔阂的产生，为我们交往带来猜疑和怨恨，只要我们心中有爱，互谅互让，误会和隔阂就能变成令人感动的回忆。

报答

布利和妻子住在魁北克市外的一幢旧农舍里。他们虽不是本地人，但也不算是外人。布利刚来魁北克市时只有三件工具（连卷尺在内）和一本修建住房手册，什么本领都没有，不过他也从来没装懂。要不是邻居好心肠，他们的农舍根本翻修不了，甚至连第一个冬天也挨不过。

多亏邻居耐心指导，布利学会了怎样砍柴、堆柴以及晒干柴，等到冬天生火炉时取用；学会了怎样把灰泥抹在砖上使它像胶水般粘牢，砌成烧柴木火炉的炉床。然而，最为难他的，是怎样向邻居们致谢图报。

问题的症结出现在两年前，两年前的一个春天，布利决定对负责为教堂铲雪的老农雷恩有所表示，因为他曾多次替布利一家清除门前的积雪。

雷恩替教堂车道铲雪已有半个世纪之久，所以布利请他顺带清理他们这边的车道。他替教堂铲雪是免费的，不过布利曾经声明要付钱给他。

布利打电话问雷恩："我欠您多少钱？"他踌躇了好一会儿，才说："您没欠我多少，因为我认为替您做的事微不足道。"

布利告诉他："您大概使我省了 50 小时腰酸背痛之苦。"

雷恩说："我并没花那么多的工夫。"

布利没有跟雷恩争论下去，只说雷恩的服务总得付钱，并问他 75 元够不够。

雷恩说，"不行，那太多了"。从雷恩冰冷的语气听来，布利知道自己得罪了雷恩。

布利忽然明白这不是钱的问题，便问雷恩有什么可以效劳以作为回报。雷恩的农场可有什么事需要做的吗？布利自夸刚学会怎样用铁锤敲敲打打。

雷恩说，"目前没有什么布利可以"效劳"的"。

这可伤害了布利的自尊心。布利坚持自己的确会用锤敲打。

雷恩说"我不怀疑布利的本事"。

布利无话可说，只好再三谢他，并且不好意思地说自己永远欠他一笔人情债，然后挂上了电话。

布利深信自己得罪了雷恩，于是问妻子可有什么好的主意，能使自己挽回一点面子。

她说有，办法是冰激凌。

下个周末，他们从几十件所谓"实用"而他们从没用过的结婚礼物中挑出一件，用它做了四公斤咖啡碎屑冰激凌送给雷恩和他太太。雷恩很高兴，他谢了布利。并且说出了布利当时最渴望听到的一句话。

"我想在下星期树立些围栏柱，要是你哪天早上有空，能不能到我这儿帮个忙？"

布利欣然表示乐意，"我会把我的铁锤带来的。"

涓涓心语

金钱可以买来很多东西，却买不来人情，在与别人交往的时候，我们一定要注意和别人维持良好的感情，而不仅仅使交往局限于利益关系。

松下待客

松下幸之助是一个十分懂得尊重别人的人。有一次松下到一家餐厅去招待客户。一行人全部都点了牛排，等几个人吃完了牛排，松下让助理去请烹调牛排的主厨过来，他还特别强调："不要找经理，找主厨。"

助理注意到，松下的牛排只吃了一半，心想一会儿的场面可能会很尴尬。

主厨来时很紧张，因为他知道请自己的客人来头很大。

"是不是有什么问题？"主厨紧张地问。

"烹调牛排，对你已不成问题，"松下说，"但是我只能吃一半。原因不在于厨艺，牛排真的很好吃，但我已80岁了，胃口大不如前。"

主厨与其他的五位用餐者困惑地面面相觑，大家过了好一会儿才明白怎么一回事。"我想当面和你谈，是因为我担心，你看到吃了一半的牛排就倒掉，心里会难过。"

客人在旁听松下如此说，更佩服松下的人格并更喜欢与他做生意。

松下尊重别人是出了名的。又有一次，松下对一位部门经理说："我个人要做很多决定，并要批准他人的很多决定。实际上只有40%的决策是我真正认同的，余下的60%是我有所保留的，或我觉得过得去的。"

经理觉得很惊讶，假使松下不同意的事，大可一口否决就行了。

"你不可以对任何事都说不，对于那些你认为算是过得去的计划，你大可在实行过程中指导他们，使他们重新回到你所预期的轨迹。我想一个领导人有时候应该接受他不喜欢的事，因为任何人都不喜欢被否定。"

涓涓心语

一个处处受欢迎的人，一定要学会从对方的立场上考虑问题，善于从一些细微的地方尊重和关怀对方，努力接受自己不喜欢的事，只有这样，才能赢得对方的尊重和支持。

加温的选择

在一次交战中，年轻的亚瑟国王被邻国的士兵抓获。邻国的国王十分欣赏亚瑟的勇敢和才华，没有杀他，并承诺只要亚瑟能回答一个非常

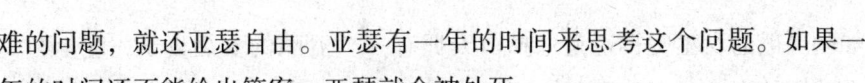

难的问题,就还亚瑟自由。亚瑟有一年的时间来思考这个问题。如果一年的时间还不能给出答案,亚瑟就会被处死。

这个问题:女人真正想要的是什么?

但总比死亡要好得多,亚瑟接受了国王的命题——在一年的最后一天给他答案。

亚瑟回到自己的国家,开始向每个人征求答案:公主、妓女、牧师、智者、宫廷小丑,他问了所有的人,但没有人可以给他一个满意的回答。人们告诉他去请教一个老女巫,只有她才能知道答案。但是他们警告他,女巫的收费非常高,她昂贵的收费在全国是出名的。

一年的最后一天到了,亚瑟别无选择,只好去找女巫。女巫答应回答他的问题,但他必须首先接受她的交换条件:和亚瑟王国最高贵的圆桌武士之一,他最亲近的朋友——加温结婚。亚瑟惊骇极了,看看女巫:驼背,丑陋不堪,只有一颗牙齿,身上发出臭水沟般难闻的气味,而且经常制造出猥亵的声音。他从没见过如此不和谐的怪物。他拒绝了,他不能强迫他的朋友娶这样的女人而让自己背负沉重的精神包袱。

加温知道这个消息后,对亚瑟说:"我同意和女巫结婚,没有比拯救亚瑟的生命和保存圆桌会议更重要的事了。"于是婚礼宣布了,女巫回答了亚瑟的问题:女人真正想要的是主宰自己的命运。于是,亚瑟便得救了。

来看看加温和女巫的婚礼吧,这是怎样的婚礼呀!亚瑟为此而深感痛苦与自责。然而加温却一如既往的谦和,而女巫却在庆典上表现出她最坏的行为,让所有的人都感到厌恶和恶心。

新婚的夜晚来临了:加温依然坚强地面对可怕的夜晚,走进新房。是怎样的景象在等待着他呀!一个他从没见过的美丽少女半躺在婚床上!加温惊呆了,问她到底是怎么回事。美女回答说,因为当她是个丑陋的女巫时加温对她非常好,于是决定一天的一半是美丽的,她让加温来选择,是在白天呈现她丑陋的一面,还是夜晚呈现她丑陋的一面。

加温是如何选择的呢?

多么残酷的问题呀!加温开始思考他的困境:是在白天向朋友们展现一个美丽的女人,在夜晚,在他自己的屋子里,面对的一个又老又丑如幽灵般的女巫呢；还是选择白天拥有一个丑陋的女巫妻子，晚上与一个美丽的女人共度良宵呢？

最后，加温没有做任何选择，只是对他的妻子说："既然女人最想要的是主宰自己的命运，那么就由你自己决定吧。"于是女巫选择白天夜晚都是美丽的女人。

涓涓心语

互相理解和尊重是良好交际的前提。然而在生活中却有很多人喜欢别人按照自己的意愿去生活，而不管别人愿不愿意。事实上，当你在交往中试着替别人考虑，理解并尊重别人的意愿时，你将得到更多。

两根蜡烛：打开心锁，体会温暖

汤姆是一个工程师，在生活中屡屡受挫，虽然人过中年，但事业还是一无所成。因此也常常无端地发脾气，抱怨别人欺骗了他。终于有一天，他对妻子说："这个城市令我失望，我想离开这里，换个地方。"无论朋友们如何相劝，都无法改变他的决定。

和妻子来到了另外一个城市，搬进了新居。这是一幢普通的公寓楼。汤姆忙于工作，早出晚归，对周围的邻居未曾在意。

一个周末的晚上。汤姆和妻子正在整理房间，突然，停电了，屋里一片漆黑。汤姆很后悔来的时候没有把蜡烛带上，只好无奈地坐在地板上抱怨起来。

门口突然传来轻轻的、略为迟疑的敲门声，打破了黑夜的寂静。

"谁呀？"汤姆在这个城市并没有熟人，也不愿意在周末被人打扰。他很不情愿地起身，费力地摸到门口，极不耐烦地开了门。

门口站着一个小女孩，她怯生生地对汤姆说："先生，我是您的邻居。请问你有蜡烛吗？"

"没有!"汤姆气不打一处来,"嘭!"的一声把门关上了。

"真是麻烦!"汤姆对妻子抱怨道,"讨厌的邻居,我们刚刚搬来就来借东西,这么下去怎么得了!"

就在他满腹牢骚的时候,门口又传来了敲门声。

打开门,门口站着的依然是那个小女孩,只是手里多了两根蜡烛,红彤彤的,就像小女孩涨红的脸,格外显眼。"奶奶说,楼下新来了邻居,可能没有带蜡烛来,要我拿两根给你们。"

汤姆顿时愣住了,他被眼前发生的一幕惊呆了,好不容易才缓过神来。"谢谢你和你奶奶,上帝保佑你们!"

在那一瞬间,汤姆猛然意识到了很多,他明白了自己失败的根源就在于对别人的冷漠与刻薄。

屋子亮了,心也亮了。

涓涓心语

不要总是抱怨别人对你冷漠,也不要抱怨这个社会缺乏人情味,打开冷漠的心锁,积极去交往,你就能够走出人际的孤岛,体会到人与人之间情感的温暖。

开放的花园最美丽:学会分享,你会更幸福

米契尔是一个有名的大富翁。他有美丽的洋房和大片的花园。但他也有一个令自己头痛的难题:这么多的财富肯定有好多人在打自己的主意。怎么办呢?于是米契尔让仆人在房子四周筑起高高的围墙。

春天一到,花园里鲜花怒放,阵阵花香飘过围墙,令全镇的人都很神往。几个好奇的孩子想:院子肯定种着奇花异草,听说有一种长着大眼睛的花还会给孩子唱歌呢。于是孩子们打起主意,决心探个究竟。

朦胧的夜晚，孩子们搭起人梯跳到院子里，他们在花丛中寻找着，踏坏了许多鲜花和嫩草。后来，他们被仆人发现，赶出了院子。

米契尔大为发火，把这事讲给朋友听。

朋友笑着说："为何不把围墙拆了呢？"

米契尔说："那我会丢失好多的财产！"

朋友笑了，说："有围墙又怎样？连一群孩子都拦不住，何况身手不凡的大盗呢！"

米契尔终于听从了朋友的劝告，彻底拆掉了围墙。于是，孩子们首先冲入花园。他们仔细寻找心中的神花，结果，根本没有什么奇花异草。米契尔的朋友把孩子们请到客厅，并让他们美餐了一顿，然后对孩子们说："在花园中种下你们心中的神花吧！"孩子们高兴得跳起来，然后跑到花园里去了。

因为米契尔拆掉了围墙，全镇的人都可以欣赏到花园的美丽。米契尔得到了全镇人的爱戴和尊敬。

一天，一伙大盗闯入米契尔的家，准备将他家洗劫一空，刚闯入花园不远就被守护神花的孩子们发现。小杰克跑到洋房报告情况，小詹森跑去镇上通知大人们。结果大盗们被及时赶到的米契尔和镇上的人们捆绑起来。

庆功宴上，米契尔对所有人说："我要感谢你们，你们使我懂得了一个伟大的道理——这个世界上只有敞开的花园最安全最美丽。"米契尔的话博得了所有人最热烈的掌声。

涓涓心语

生活中有些人喜欢将自己同别人对立起来，不愿意和别人一起分享自己的所得，但这往往是得不偿失的。事实上，打开心灵的围墙，学会同别人分享，你给别人一片灿烂的空间，别人也会给你最真心的呵护。

王强的邻居：宽容是座连心桥

王强是一家合资企业的职员，在业务上是公认的尖子，可是在处理人际关系时往往意气用事，得罪了不少人。所以，他在公司干了好几年总是得不到升迁。

有一段时间，王强新搬来的一位女邻居进出时总是把门碰得很响，而且常常在房间里大声哼唱，吵得王强睡不好觉。直到有一天，他们碰到了一起，愤愤不平的王强瞪着女邻居大声喊道："你能不能安静一点，让我好好休息！"

女邻居也瞪圆双眼回敬王强："和谁说话哪！你以为你是谁，是总统！"说完对王强不屑一顾地扭转身子走了。

王强咬咬牙心想："我会让你尝尝我的厉害。"

第二天，王强回家时，女邻居也正好回了家。王强故意把门碰得很响，并在房间大声吼叫，也想让她尝尝吵闹的滋味。

可是接下来的几天，邻居的吵闹更厉害，令王强连连叫苦。

"老这样下去能行吗？该怎么办呢？"不久王强有了一个好主意。

几天后的一个早晨，女邻居一开门就发现地上放着一个信封，她抽出信纸一看，只见上面写着：

尊敬的女邻居：

很抱歉我那天向您大喊大叫，这也不是我惯有的作风，只是那天我从信箱里拿到了带来坏消息的信件……我希望您能够原谅我。

您的男邻居

紧接着一个早晨，当王强走出房门时，一眼就发现了地上的信封，他迫不及待地抽出信纸。

尊敬的男邻居：

这些日子我也一直心烦意乱，因为我工作上遇到了麻烦，我很高兴看到您写的便条，我想我会成为您的好朋友的。

您的女邻居

从那以后，每当他们再相见时，都会愉快地微笑着打招呼。

接下来的故事更耐人寻味：女邻居后来当上了一家大公司的董事长，经过一段时间的交往考察以后，她聘请王强担任了公司一个部门的经理。

王强改掉了得罪人的脾气，抱着与人为善的心态面对生活，最终使自己强大起来，由普通职员升迁为公司高层管理人员。

涓涓心语

人与人交往的过程中要注意互相体谅，如果你能够在交往中多一点宽容，真诚地为别人考虑，别人也会以同样的态度来对你。

爱心篇：与人为善，让生活充满温暖

智者与蝎子：不要放弃自己的爱心

有一次，一位智者看见一只蝎子掉进水中团团转，他当即就决定帮它，他伸出他的手指捉它，想把它捞到岸上来。可就在他的手指刚够到蝎子的时候，蝎子猛然蜇了他一下。

但这个人还是想救它，他再次伸出手去试图把蝎子捞出水面，但蝎子再次蜇了他。

旁边的一个人对他说："它老这么蜇你，你还救它干什么？"

这位智者说："蜇人是蝎子的天性，而爱是我的天性。我怎么能因为蝎子有蜇人的天性就放弃我爱的天性呢？"

涓涓心语

真正豁达的人无论在什么时候都不会放弃自己的爱心，即使是面对伤害过自己的人的时候也是如此。

爱的力量：唯有爱才能让人敞开心灵

作家托尔斯泰曾讲过一个很有名的故事。有一位国王想励精图治。他觉得如果有三件事能够解决，国家就能够变得富强昌盛。第一，如何预知最重要的时间。第二，如何确知最重要的人物。第三，如何辨明最紧要的任务。大臣们纷纷献策说，把时间支配得正确，最好是列表；国家最重要的任务是培养教师或科学家；当务之急是弘扬科学与严明法律。

国王对这些答案不满意。他去问一个隐士，隐士正在种地。国王问

了这三个问题，恳求隐士的忠告，但隐士并没有回答他。过了一会儿，这个隐士挖土累了，国王就帮他的忙。天快黑时，远处忽然跑来一个受伤的壮汉。国王与隐士帮助他，替他裹好了伤，抬到隐士家里，翌日醒来，这位伤者看了看国王说："我是你的敌人，昨天知道你来访问隐士，准备在你回程时截击。可是被你的卫士发现了，他们追捕我。我受了伤逃过来，却正遇到你。感谢你的救助，我不再是你的敌人了，我要做你的朋友。"

过国几天，国王又去见隐士，还是恳求他解答那三个问题。隐士说："我已经回答你了。"国王说："你回答了我什么？"隐士说："你如不怜悯我的劳累，因帮我挖地而耽搁了时间，你昨天回程时，就被他杀死了。你如不怜恤他的创伤并且为他包扎，他不会这样容易地臣服你。你所问的最重要的时间是'现在'，只有现在才可以把握。你所说的最重要人物是你'左右的人'，因为你立刻可以影响他们。而世界上最重要的是'爱'。没有爱，活着还有什么意思？"

涓涓心语

强力可以劈开盾牌，但唯有爱才能让人敞开心灵。爱的力量很强大，在这个世界上，没有人能够抵抗爱的威力。即使你的敌人，也可能因为你的爱心而成为你的朋友。

小男孩的愿望：给予比接受更令人快乐

有一年圣诞节，贝特的哥哥送给他一辆新车作为圣诞节礼物。圣诞节的前一天，贝特从他的办公室出来时，看到街上一名男孩在他闪亮的新车旁走来走去，触摸它，满脸羡慕的神情。

看到贝特走过来，小男孩抬起头问道："先生，这是你的车吗？"

"是啊，"贝特说，"我哥哥给我的圣诞节礼物。"

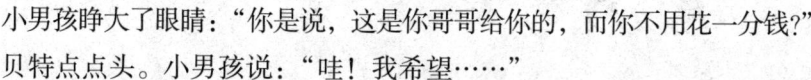

小男孩睁大了眼睛:"你是说,这是你哥哥给你的,而你不用花一分钱?"贝特点点头。小男孩说:"哇!我希望……"

贝特认为小男孩要说的是他也希望自己有一个这样的哥哥。但小男孩说出的却是"我希望自己也能当这样的哥哥。"

贝特感动地看着这个男孩,然后他问:"要不要坐我的新车去兜风?"

小男孩惊喜万分地答应了。逛了一会儿之后,小男孩转身向贝特说:"先生,能不能麻烦你把车开到我家前面?"贝特微微一笑,他理解小男孩的想法,坐一辆大而漂亮的车子回家,在小朋友的面前是很神气的事。但他又想错了。

"麻烦你停在前面的台阶那里,等我一下好吗?"小男孩跳下车,快步跑上台阶,进入屋内。不一会儿他出来了,并带着一个比他还小的小男孩。小男孩因患小儿麻痹症而跛着一只脚。他把弟弟安置在下边的台阶上,紧靠着坐下,然后指着贝特的车子说:"看见了吗,就像我在楼上跟你说的一样,很漂亮对不对?这是他哥哥送给他的圣诞礼物,他不用花一分钱!将来有一天我也要送给你一辆一模一样的车子,这样你就可以看到我一直跟你讲的橱窗里那些好看的圣诞礼物了。"

贝特的眼睛湿润了,他走下车子,将小弟弟抱到车子前排的座位上,他的哥哥眼睛里闪着喜悦的光芒,也爬了上来。于是三人开始了一次令人难忘的假日之旅。

在这个圣诞节,贝特明白了一个道理:给予比接受真的令人更快乐。

涓涓心语

给予比接受更令人快乐。喜欢帮助别人的人,会从被帮助者的快乐中找到自己的快乐。

一把小提琴：爱可以拯救迷途的灵魂

有一天，小提琴演奏家艾德蒙先生刚走进自己的家门，就听到楼上卧室有人在摆弄小提琴的声音，这种声音对他来说太熟悉了。

"有小偷！"艾德蒙先生急忙冲上楼，果然，一个大约13岁的陌生少年正在那里摆弄小提琴。他头发蓬乱，脸庞瘦削，不合身的外套里面好像塞了某些东西，毫无疑问，他是一个小偷。艾德蒙先生用自己的身躯堵住了门口。

这时，艾德蒙先生看见少年的眼里充满了惶恐、胆怯和绝望。那是一种非常熟悉的眼神。刹那间，艾德蒙先生想起了往事……愤怒的表情顿时被微笑所代替，他问道："你是丹尼斯先生的外甥琼吗？我是他的管家。前两天，丹尼斯先生说你要来，没想到来得这么快！"

那个少年先是一愣，但很快就回应说："我舅舅出门了吗？我想先出去转转，待会儿再回来。"艾德蒙先生点点头，然后问那位正准备将小提琴放下的少年："你也喜欢拉小提琴吗？"

"是的，但拉得不好。"少年回答。

"那为什么不拿着琴去练习一下？我想丹尼斯先生一定很高兴听到你的琴声。"他语气平缓地说。少年疑惑地望了他一眼，但还是拿起了小提琴。

临出客厅时，少年突然看见墙上挂着一张艾德蒙先生在歌德大剧院演出的巨幅彩照，身体猛然抖了一下，然后头也不回地跑远了。

艾德蒙先生确信那位少年已经明白是怎么回事，因为没有哪一位主人会用管家的照片来装饰客厅。

那天黄昏，回到家的艾德蒙太太察觉到异常，忍不住问道："亲爱的，你心爱的小提琴坏了吗？"

"哦，没有，我把它送人了。"艾德蒙先生缓缓地说道。

"送人？怎么可能！你把它当成了你生命中不可缺少的一部分。"艾德蒙太太有些不相信。

"亲爱的，你说的没错。但如果它能够拯救一个迷途的灵魂，我情愿这样做。"看见妻子并不明白他说的话，他就将经过告诉了她，然后问道："你觉得这么做有什么不对吗？""你是对的，希望你的行为真的能对这个孩子有所帮助。"妻子说。

三年后，在一次音乐大赛中，艾德蒙先生应邀担任决赛评委。最后，一位叫里奇的小提琴选手凭借雄厚的实力夺得了第一名！评判时，他一直觉得里奇似曾相识，但又想不起在哪里见过。

颁奖大会结束后，里奇拿着一只小提琴匣子跑到艾德蒙先生的面前，脸色绯红地问："艾德蒙先生，您还认识我吗？"艾德蒙先生摇摇头。"您曾经送过我一把小提琴，我一直珍藏着，直到今天！"里奇热泪盈眶地说，"那时候，几乎每一个人都把我当成垃圾，我也以为自己彻底完了，但是您让我在贫穷和苦难中重新拾起了自尊，心中再次燃起了改变逆境的熊熊烈火！今天，我可以无愧地将这把小提琴还给您了……"

里奇含泪打开琴匣，艾德蒙先生一眼瞥见自己那把心爱的小提琴正静静地躺在里面。他走上前紧紧地搂住了里奇，三年前的那一幕顿时重现在艾德蒙先生的眼前，原来他就是"丹尼斯先生的外甥琼"！艾德蒙先生眼睛湿润了，少年没有让他失望。

涓涓心语

爱可以拯救一个迷途的灵魂，也可以唤醒一个人内心全部的希望和力量。是爱让一个因为贫困而挣扎在犯罪边缘的小男孩感受到平等的尊重，最后迷途知返，创造非凡的业绩。

成功、财富和爱心：爱是人生最伟大的信念

有一位少年走出家门，看见3个须发皆白的老人坐在门前的石阶上，他们风尘仆仆，好像很久没歇息过了。心地善良的少年虽然不认识这3位老者，但仍热情地邀请他们进屋去坐坐。老人们相视而笑，为首的问："你们家的人都在吗？""不，他们现在都不在家。"三位老人谢绝了少年的好意："那我们现在不进去了。"

晚上，少年的父母从外边回来了，少年把门口那3个老人的话告诉了他们。少年的父母一听就说："那你赶快把他们叫进来，给他们好好地做一顿吃的。"

少年走出去对那3位老人说了，他们站了起来，却仍没进门，其中一个指着他的同伴说："他叫财富，他叫成功，我叫爱。我们不能同时走进一所房子，去问问你家里人，看他们想让我们中的哪一个进去。"

少年进去和家里人一说，家里就炸开了锅。父亲说："我们请财富进来吧。他一进门，我们就有花不完的钱了。"少年却不同意："我们该请成功进来。谁不渴望成功呢？成功就意味着拥有一切。"父子俩为此争得不可开交。这时一直在旁边沉默不语的母亲说："我们为什么不请爱进来呢？只要我们家里充满了爱，什么苦都会变成甜的了。"儿子赞同母亲的观点，最后父亲也同意了。他们一起走出去，热情地邀请爱进屋。

他们刚刚簇拥着爱进了家门，家里立刻充满了欢声笑语。才过了一盏茶的工夫，他们惊奇地发现财富和成功竟不请自来，悄然坐到了他们的中间。父亲问："不是说只能进来一个吗？现在我们只让爱进来，你们怎么进来啦？"成功笑着回答："不错，如果你们选择了我或者财富，那另外的两位就会留在门外。但是你们选择了爱，他是我们的老大，不管他在哪儿，我们都要跟在他的后面。有爱的地方，就一定有成功和财富！"

涓涓心语

爱是人生最伟大的信念，有了爱才会有一切。因为心中有爱，你才会对自己的工作和生活充满热情，你才不会让自己在困境中沉沦，拥有爱心，你的人生就会有财富和成功。

转变：真诚地关怀别人

"今天，我一定要断然拒绝他们的要求。"出门之前，卡尔森太太在心里对自己这么说道。

天下着很大的雨，到处都是水。卡尔森太太之所以冒雨出门，是为了把眼前这件事尽快处理完。

卡尔森太太平时以乐善好施而出名。她经常捐东西给遭到天灾人祸的人，或买很多衣料，送给本市的贫民。可是，这一次的事，性质大不相同，使她无法像平时那样，爽口答应。虽然目的是为了贫苦无依的孤儿们着想，但要她捐出祖传的土地来建造孤儿院，她实在无法同意。她对世世代代传下来的那片土地，有无限的感情，何况，她年纪已老，此后的生活，主要的收入来源，就靠那块土地。这是跟她此后的生活有直接关系的事。说得严重一点，她若失去这一块土地，她的生活马上就要受到影响。

"不管对方如何恳求，也不能起一丁点同情心，否则……"想着，想着，卡尔森太太的脚步就越来越快了。

雨越来越大，风也吹得更起劲了。不多久，她到了目的地。她推开大门，走进去。由于是个大雨天，走廊上到处湿湿的。她在门口寻找拖鞋来穿。

"请进！"这时候，随着一个甜美的声音，女办事员玛丽笑容可掬地站在了卡尔森太太面前。玛丽看到地板上没有拖鞋了，立刻毫不考虑地脱下自己的拖鞋给卡尔森太太穿。

"真抱歉,所有的拖鞋都给别人穿了。"玛丽小姐诚恳地说道。

卡尔森太太看到玛丽小姐的袜子,踏在地板上,一刹那之间就给弄湿了。

卡尔森太太被玛丽小姐的举动感动了。在这一瞬间,卡尔森太太明白了施予的真正含义。

她想:"平时,我被大家称为慈善家,可是,我做的慈善行为,到底是些什么?我捐出来的,全是自己不再使用的旧东西,再不就是捐出多余的零用钱罢了。而真正的施予,应该像这位小姐一样,拿出对自己来说是最重要的东西,那才有莫大的价值呀!"

突然,卡尔森太太心中有了180度的大转变——她决心捐出那块祖传的土地给这个慈善机构,为可怜的孩子们建立设备完善的孤儿院。

卡尔森太太对办事员玛丽说:"好温暖的拖鞋。"

玛丽红了脸,不好意思地说:"对不起,我一直穿着,所以……"

卡尔森太太连忙打断她的话:"不,不,我没有怪你的意思,我是说,你的心,令人感到温暖,也让我明白了许多!"

卡尔森太太向她投以亲切的微笑,然后,朝着募捐办公室急步走去……

涓涓心语

真正的爱心和施予,需要真情与真心,要真诚地关怀别人。只有心里时刻装着别人的人,才能给别人最贴心的帮助。

沙漠中的抽水机:付出关怀才能得到关爱

有一个人在沙漠中旅行,不慎迷失了方向。

两天后,难以忍受的干渴几乎摧毁了他生存的意志。沙漠就像一座极大的火炉要蒸干他的血液。绝望中的他却意外地发现了一幢废弃的小屋。他拼尽了最后的气力，才拖着疲惫不堪的身子，爬进堆满枯木的小屋。定睛一看，枯木中隐藏着一架抽水机，他立刻兴奋起来，拨开枯木，上前抽水。但折腾了好一阵子，也没能抽出半滴水来。

绝望再一次袭上心头，他颓然坐地，却看见抽水机旁有个小瓶子，瓶口用软木塞堵着，瓶上贴了一张泛黄的纸条。上边写着：你必须用水灌入抽水机才能抽水！不要忘了，在你离开前，请再将瓶子里的水装满！

他拔开瓶塞，望着那瓶救命的水，早已干渴的内心立刻爆发了一场生死决战：我只要将瓶里的水喝掉，虽然能不能活着走出沙漠还很难说，但起码能活着走出这间屋子！倘若把瓶中这些救命的水倒入抽水机内，或许能得到更多的水，但万一抽不上水，我恐怕连这间小屋也走不出去了……

最后，他把整瓶水全部灌入那架破旧不堪的抽水机，接着用颤抖的双手开始抽水……水真的涌了出来！他痛痛快快地喝了一顿，然后把瓶子装满，用软木塞封好，又在那泛黄的纸条后面写上：相信我，真的有用。

几天后，他终于穿过沙漠，来到绿洲。每当回忆起这段生死历程，他总要告诫后人：在取得之前，要先学会付出。

涓涓心语

我们在渴望得到别人的关怀时，首先要学会付出。当你尝试着主动向身边的人伸出关爱之手时，你也会得到别人更多的关爱。

佛莱明与丘吉尔：助人如助己

佛莱明是一个穷苦的农夫。有一天，当他在田里工作时，听到附近泥沼里有人发出求救的哭喊声，于是他放下农具，跑到泥沼边，发现一

个小孩掉到粪池里，佛莱明就跑过去把这个小孩从粪池中救了出来。

隔天，有一辆崭新的马车停在农夫家，车里走出来一位优雅的绅士。他自我介绍是那被救小孩的父亲。绅士说："我要报答你，你救了我小孩的生命。"佛莱明说："我不能因救你的小孩而接受报酬。"

就在那时，佛莱明的儿子走进茅屋，绅士问："那是你的儿子吗？"农夫很骄傲地回答说："是。"绅士说："我们订个协议，让我带走他，并让他接受良好的教育。他将来一定会成为一位令你骄傲的人。"

农夫答应了。后来农夫的小孩从圣玛利亚医学院毕业，并成为举世闻名的佛莱明·亚历山大爵士，也就是盘尼西林的发明者。他在1944年受封骑士爵位，并且获得了诺贝尔奖。

数年后，绅士的儿子染上肺炎，什么能救活他呢？盘尼西林。那绅士是谁呢？是上议院议员丘吉尔。他的儿子是谁？是英国政治家丘吉尔爵士。

涓涓心语

施爱予人，我们也能够因此而获得别人的帮助，如果你以一颗爱心去对待自己周围的人，那么，别人也会以同样的爱来回报你。

拾海星的老人：不以善小而不为

有一天，杰克在海滩上散步，忽然看见远处有一个人在往海里扔什么东西。走近看时，才发现原来是一位当地的土著老人在沙滩上拾起一些海星，然后把那些拾起的海星用力地扔到海里去，并且重复不停地扔。

杰克对老人的做法感到很奇怪，他不解地对老人说："晚上好！老爷爷，我不明白你究竟在干什么？"

老人对杰克说："我在把这些海星送回海里。"

"你把它们送回海里干吗？"杰克问道。

老人说："现在正是退潮时候，海滩上的这些海星全是被潮水冲到岸

上来的，如果我不把它们送回去，那它们自己肯定回不去，到时候这些海星就会因缺氧而死掉的！"

杰克说："噢，我明白了。可是这里的海星成千上万，别说你一个一个拾了，就是数也得数好长时间，你有能力把它们全部送回大海吗？即使你真能做到，试想，这海岸有许多海滩，凭你个人的力量，你又怎能把它们都处理完呢？你这样做效果可不大啊！"

那位老人微笑着，继续拾起另一个海星，一边抛一边说："但最起码我改变了这个海星的命运啊！"

涓涓心语

一个人的善举，往往会改变另一个人甚至更多人的命运。也许是一件微不足道的小事情，就能够为别人带来很大的帮助。因此，不要放弃自己对他人小小的帮助，一个人的爱心就是在这一点一滴的小事中积累起来的。

20元：在别人最困难的时候伸出援手

一座城市来了一个马戏团。有五个孩子穿着漂亮的衣服，牵着父母的手排在队伍中等候买票。他们不停地谈论着上演的节目，一个个兴高采烈，好像已经看到了台上的表演似的。

终于轮到他们了，售票员问要多少张票，父亲小心地回答："请给我五张小孩的和两张大人的。"

售票员说出了价格。

母亲的心颤了一下。转过头把脸垂了下来。父亲咬了咬唇，又问："你刚才说的是多少钱？"

售票员又报了一次价。

父亲眼里透着痛苦的目光。他实在不忍心告诉他身旁兴致勃勃的孩

子们:我们的钱不够!

一位排队买票的男士目睹了这一切。他悄悄地把手伸进口袋,把一张20元的钞票拉出来,让它掉在地上。然后,他蹲下去,捡起钞票,拍拍那个父亲的肩膀说:"对不起,先生,你掉了钱。"

父亲回过头,他明白了原因。他眼眶一热,紧紧地握住男士的手。因为在他心碎、困窘的时刻帮了他的忙:"谢谢,先生。这对我和我的家庭意义重大。"

涓涓心语

所谓关爱就是在别人最困难的时候挺身而出,为他们提供最需要的帮助。虽然仅仅是20元钱,一句话,对别人来讲也是意义重大。

青少年时代是人生的春天,也是一个人长身体、长知识和人生观形成的重要阶段。在这个阶段,虚荣、自私、攀比、嫉妒、自大等心理问题很容易就成为青少年身心成长的障碍,青少年要想在未来的社会中立足,就应当去除自己内心不成熟的一面,摆脱青涩,只有这样才能顺利地融入社会,承担起生活和社会赋予的责任。

喜欢说"早安"的传教士: 用温馨的问候唤醒冷漠的心灵

20世纪30年代,在德国的一个小镇,有一个犹太传教士,每天早晨总是按时到一条幽静的小路上散步。不论见到谁,他总会热情地打一声招呼:早安!

小镇上一个叫贝特的年轻人,对传教士每天早晨的问候,反应很冷淡,甚至连头都不点一下。然而,面对贝特的冷漠,传教士未曾改变他的热情,每天早晨依然给这个年轻人道早安。几年以后,德国的纳粹党上台执政。传教士和镇上的犹太人,都被纳粹党集中起来,送往集中营。下了火车，列队前行的时候，有一个手拿指挥棒的军官，在队列前挥舞着指挥棒，叫道："左、右。"指向左边的将被处死，指向右边的则有生还的希望。轮到点传教士的名字了。当他无望地抬起头来，眼睛一下子与军官的眼睛相遇了。传教士不由自主地脱口而出："早安，贝特先生。"

贝特虽然板着一副冷酷的面孔，但仍禁不住说了一声："早安。"声音低得只有他们两人才能听到。然后，贝特果断地将指挥棒往右边一指。

传教士获得了生的希望……

涓涓心语

有时候，一句温馨的问候可以唤醒一颗冷漠的心灵。在我们的日常交往中也是这样。如果我们能够时刻保持微笑，充满爱心地对待周围的每一个人，我们就能够得到别人的爱和关心。